O Segredo de Deus para a Felicidade

O Segredo de Deus
para a Felicidade

Hannah Whitall Smith

Atos

Smith, Hannah Whitall
Sb49   O segredo de Deus para a felicidade/ Hannah Whitall Smith; tradução de Thiago Ferreira Couto de Freitas, Valéria Lamim Delgado e Lenita Ananias. – Belo Horizonte: Editora Atos, 2010.
224 p.
Título original: The Christian's Secret of a Happy Life.
ISBN 978-85-7607-097-9

1. Vida cristã feliz 2. Paz interior I. Felicidade

CDU: 231.11   CDD: 212.1

Copyright © 2010 por Editora Atos
Todos os direitos reservados

Coordenação editorial
Walkyria Freitas

Capa
Rafael Brum

Projeto gráfico
Marcos Nascimento

Primeira edição
Março de 2010
Reimpressão
Dezembro de 2010

Nenhuma parte deste livro pode ser reproduzida, arquivada ou transmitida por qualquer meio – eletrônico, mecânico, fotocópias, etc. – sem a devida permissão dos editores, podendo ser usada apenas para citações breves.

Publicado com a devida autorização e com todos os direitos reservados pela EDITORA ATOS LTDA.

Caixa Postal 402
30161-970 Belo Horizonte MG
Telefone: (31) 3025-7200
www.editoraatos.com.br

SUMÁRIO

Prefácio		7
1	É bíblico?	9
2	O lado de Deus e o lado do homem	19
3	A vida definida	29
4	Como entrar	37
5	Dificuldades acerca da consagração	49
6	Dificuldades acerca da fé	59
7	Dificuldades acerca da vontade	69
8	Dificuldades acerca da direção	81
9	Dificuldades acerca das dúvidas	95
10	Dificuldades acerca da tentação	107
11	Dificuldades acerca dos fracassos	117

12	Deus está em todas as coisas?	131
13	Escravidão ou liberdade	141
14	Crescimento	153
15	Serviço	165
16	Resultados práticos na vida diária	175
17	A alegria da obediência	185
18	União divina	193
19	As carruagens de Deus	205
20	A vida com asas	213

PREFÁCIO

Este não é um livro teológico. Não poderia fazê-lo ainda que quisesse. Simplesmente procurei contar a feliz história, tão antiga e, não obstante, tão nova, nas palavras simples e frequentes da vida cotidiana.

Não quero mudar as opiniões teológicas de ninguém. As verdades que tenho de revelar não são teológicas, mas práticas. São as verdades fundamentais da vida e da experiência, as verdades que sustentam todas as teologias e que são, de fato, seu significado verdadeiro e essencial. Elas se adequarão a todos os credos, possibilitando que aqueles que os têm vivam de acordo com as suas próprias crenças e encontrem nelas as realidades experimentais de um Salvador e de uma salvação presentes.

A maioria de nós reconhece que há por trás de todas as religiões uma religião perfeita, que defende a verdade vital de cada uma delas; e é essa religião perfeita que meu livro tenta abordar.

Sem dúvida, ele foi feito com muita imperfeição, mas só espero que todos os seus erros sejam ignorados e que somente aquilo que for verdadeiro entre em algum coração. O livro é destinado, com carinhosa empatia e ansioso amor, a todas as pessoas cansadas e esforçadas de todos os credos ou nomes. E sua mensagem sai do meu coração direto para o coração dessas pessoas. Fiz o melhor que pude, e nada mais posso fazer.

Este tema novo e revisto segue em sua missão, com a oração de que o Senhor continue a usá-lo como uma voz para ensinar a alguns, que muito precisam dele, o verdadeiro segredo para a felicidade!

Hannah Whitall Smith
Filadélfia

Capítulo 1

É BÍBLICO?

Ninguém que seja atencioso pode questionar o fato de que, em sua maior parte, a vida cristã, como é normalmente vivida, não é uma vida inteiramente feliz. Um observador perspicaz certa vez me disse: "Vocês, cristãos, parecem ter uma religião que os deixa infelizes. São como um homem com dor de cabeça. Ele não quer ficar livre de sua dor, mas ela é para ele um constante mal. Vocês não podem esperar que os de fora busquem de fato algo tão desagradável".

Então vi, pela primeira vez, como em um piscar de olhos, que a religião de Cristo deveria – e se propunha a – ser para os cristãos não algo que os deixasse infelizes, mas o contrário; e comecei de imediato a pedir ao Senhor que me mostrasse o segredo dele para a felicidade.

É este segredo, até onde pude descobrir, que tentarei revelar nas páginas a seguir.

Estou convencida de que todos os filhos de Deus sentem, instintivamente, em seus momentos de iluminação divina, que uma vida de paz interior e aparente vitória é seu direito inato e intransferível. Vocês não se lembram do brado de vitória que sua alma deu quando se encontraram pela primeira vez com o Senhor Jesus e vislumbraram o seu grande poder de salvação?

Como vocês estavam certos da vitória! Como parecia fácil ser mais que vencedores por meio daquele que os amou! Como poderiam pensar em derrota sob o comando de um capitão que nunca havia perdido uma batalha? E, para muitos de vocês, como a sua verdadeira experiência tem sido diferente! Poucas e passageiras têm sido as suas vitórias, mas muitas e desastrosas as suas derrotas.

Vocês não vivem como, a seu ver, os filhos de Deus deveriam viver. Talvez tenham compreendido claramente as verdades doutrinárias, mas não tomaram posse da vida e do poder dessas verdades. Alegram-se em seu conhecimento das coisas reveladas nas Escrituras, mas não têm um entendimento vivo das coisas propriamente ditas, sentidas conscientemente na alma. Creem em Cristo, falam dele e o servem; mas não o conhecem como a verdadeira vida da alma, que nela habita para sempre e se revela continuamente em sua beleza. Vocês encontraram Jesus como aquele que os livra do castigo do pecado, mas não o conheceram como aquele que os livra do poder do pecado.

Estudaram com cuidado a Bíblia e tiraram delas muitas verdades preciosas que, creram vocês, alimentariam e sustentariam a sua vida espiritual. Mas a despeito de tudo, a sua alma está morrendo de fome e desfalecendo no seu íntimo, e implorem em segredo, muitas vezes, por aquele pão e aquela água da vida que são prometidos nas Escrituras a todos os cristãos.

No mais profundo do seu coração, sabem que a experiência de vocês não é bíblica; como disse um velho escritor, essa sua religião "não passa de uma *conversa* sobre o que os cristãos primitivos apreciavam, possuíam e viviam". E o seu coração tem desfalecido no seu íntimo, uma vez que, dia após dia e ano após ano, as suas primeiras visões de vitória parecem ficar cada vez mais turvas, e vocês se veem forçados a se convencer de que o melhor que podem esperar de sua religião é uma vida de vitórias e fracassos alternados –

ora pecando, ora se arrependendo –, e, então, recomeçando para fracassar e arrepender-se novamente.

Mas será que *é* assim? O Senhor Jesus tinha isso em mente ao entregar a sua preciosa vida para libertá-los de suas feridas e terrível escravidão do pecado? Ele se ofereceu a si mesmo só para cumprir esta libertação parcial? Pretendia deixá-los, com isso, pelejando sob uma exaustiva consciência de derrota e desânimo? Ele temia que as vitórias constantes o desonrassem e trouxessem vergonha ao seu nome? Quando todas essas declarações foram feitas acerca de sua vinda e da obra que Ele realizaria, elas teriam como significado somente isso que vocês têm experimentado? Havia alguma restrição oculta em cada promessa que tinha por objetivo impedi-la de cumprir-se à risca? A expressão "livra-nos das mãos de nossos inimigos" significa que eles ainda deveriam ter domínio sobre nós? E a expressão "sempre nos conduz em triunfo" significa que só triunfaríamos às vezes?

Ser "mais que vencedores, por meio daquele que nos amou" significa constantes derrotas e fracassos? O "salvar totalmente" tem a ver com a mísera salvação que vemos manifesta em nosso meio agora? Podemos imaginar que o Salvador, que foi traspassado pelas nossas transgressões e moído pelas nossas iniquidades, poderia, diante da angústia de sua alma, ficar satisfeito com a vida dos cristãos que enchem a igreja hoje? A Bíblia diz que "para isto se manifestou o Filho de Deus: para destruir as obras do Diabo". Podemos imaginar por um instante que isso está além de seu poder e que Ele se vê incapaz de cumprir aquilo para o qual se manifestou?

A princípio, então, firmem-se nesta verdade de que Jesus veio para livrá-los, agora nesta vida, do poder e domínio do pecado, e torná-los mais que vencedores por meio de seu poder. Se duvidarem disso, examinem a Bíblia e reúnam todas as anunciações ou declarações sobre os propósitos e objetivos de sua morte na cruz. Vocês descobrirão o quanto eles são diretos. Em todas as passagens e momentos diz-se que a sua obra seria libertar-nos de nossos pecados, de nossa escravidão, de nossa impureza; e não há indício algum em nenhuma passagem de que esta libertação seria apenas a libertação limitada e parcial com a qual os cristãos tão constantemente tentam se satisfazer.

Deixem-me mostrar-lhes o ensinamento das Escrituras sobre esta questão. Quando o anjo do Senhor apareceu a José em um sonho e anunciou o esperado nascimento do Salvador, disse: "E lhe porás o nome de Jesus, porque ele salvará o seu povo dos pecados deles" (Mt 1.21).

Quando Zacarias foi "cheio do Espírito Santo" no nascimento de seu filho e "profetizou", ele declarou que Deus havia visitado o seu povo para cumprir a promessa e o juramento que lhes havia feito. Ele prometeu "conceder-nos que, livres das mãos de inimigos, o adorássemos sem temor, em santidade e justiça perante ele, todos os nossos dias".

Quando Pedro estava pregando à porta do templo para os judeus admirados, disse: "Tendo Deus ressuscitado o seu Servo, enviou-o primeiramente a vós outros para vos abençoar, no sentido de que cada um se aparte das suas perversidades" (At 3.26).

Quando Paulo estava falando à igreja de Éfeso sobre a maravilhosa verdade de que Cristo amou tanto os efésios que se entregou por eles, continuou a declarar que o propósito nisso era "[santificá-la], tendo-a purificado por meio da lavagem de água pela palavra, para a apresentar a si mesmo igreja gloriosa, sem mácula, nem ruga, nem coisa semelhante, porém santa e sem defeito" (Ef 5.26-27).

Quando Paulo estava tentando instruir Tito, seu filho na fé, acerca da graça de Deus, declarou que o propósito daquela graça era ensinar-nos "que, renegadas a impiedade e as paixões mundanas, vivamos, no presente século, sensata, justa e piedosamente" (Tt 2.12); e acrescentou, como razão disso, que Cristo "se deu por nós, a fim de remir-nos de toda iniquidade e purificar, para si mesmo, um povo exclusivamente seu, zeloso de boas obras".

Quando Pedro exortava os cristãos, a quem ele estava escrevendo, que andassem em santidade como Cristo andou, disse: "Porquanto para isto mesmo fostes chamados, pois que também Cristo sofreu em vosso lugar, deixando-vos exemplo para seguirdes os seus passos, o qual não cometeu pecado, nem dolo algum se achou em sua boca"; e acrescentou: "Carregando ele mesmo em seu corpo, sobre o madeiro, os nossos pecados, para que nós, mortos para os pecados, vivamos para a justiça; por suas chagas, fostes sarados" (Tt 2.14).

Quando Paulo estava comparando em Efésios a caminhada que convém a um cristão com a de um incrédulo, expôs a verdade em Jesus desta forma: "Quanto ao trato passado, vos despojeis do velho homem, que se corrompe segundo as concupiscências do engano, e vos renoveis no espírito do vosso entendimento, e vos revistais do novo homem, criado segundo Deus, em justiça e retidão procedentes da verdade" (Ef 4.22-24).

E quando, em Romanos 6, ele respondeu de uma vez por todas à pergunta sobre um filho de Deus continuar no pecado e mostra o quanto isso era estranho para o espírito e o objetivo da salvação de Jesus como um todo, trouxe à tona o fato de nossa morte judicial e ressurreição com Cristo como um argumento incontestável da libertação prática que recebemos dele, e disse: "De modo nenhum! Como viveremos ainda no pecado, nós os que para ele morremos? Ou, porventura, ignorais que todos nós que fomos batizados em Cristo Jesus fomos batizados na sua morte? Fomos, pois, sepultados com ele na morte pelo batismo; para que, como Cristo foi ressuscitado dentre os mortos pela glória do Pai, assim também andemos nós em novidade de vida" (Rm 6.2-4); e acrescentou: "Sabendo isto: que foi crucificado com ele o nosso velho homem, para que o corpo do pecado seja destruído, e não sirvamos o pecado como escravos" (Rm 6.6).

É um fato às vezes ignorado que, nas declarações acerca da finalidade da morte de Jesus, se faz muito mais menção de uma presente salvação do pecado do que de uma futura salvação em um céu lá no alto, mostrando claramente a avaliação da relativa importância de ambas as coisas.

Queridos cristãos, vocês aceitarão o testemunho das Escrituras acerca desta questão? As mesmas perguntas cruciais que inquietavam a igreja na época de Paulo ainda a inquietam hoje: a primeira, "Permaneceremos no pecado, para que seja a graça mais abundante?" (Rm 6.1), e a segunda, "Anulamos, pois, a lei pela fé?" (Rm 3.31).

Que as nossas respostas a essas perguntas sejam a expressão enfática usada por Paulo: "De modo nenhum!", e as suas vitoriosas declarações de que, em vez de anularmos a lei, devemos confirmá-la; e de que "o que fora impossível à lei, no que estava enferma pela carne, isso fez Deus enviando o seu próprio Filho em semelhança de carne pecaminosa e no tocante ao pecado; e, com efeito, condenou Deus, na carne, o pecado, a fim de que o preceito da lei se cumprisse em nós, que não andamos segundo a carne, mas segundo o Espírito" (Rm 8.3-4).

Podemos, por um instante, supor que o santo Deus, que odeia o pecado no pecador, esteja disposto a tolerá-lo no cristão e que já traçou o plano de salvação de maneira a impossibilitar que aqueles que estão livres da culpa do pecado encontrem libertação do poder do pecado?

Como diz muito bem o dr. Chalmers:

> "O pecado é aquele escândalo que deve ser arrancado da família espiritual com a qual a Divindade se alegra... É, de fato, estranho o tratamento que se dá ao pecado: que o pecado que Deus tanto odeia a ponto de sentenciar à morte aqueles que se sujeitaram a ele deva ser permitido quando esses pecadores são readmitidos à vida; e aquilo que antes era objeto da devastadora vingança deva tornar-se agora o objeto de uma tolerância defendida e protegida. Agora que a sentença é revogada, vocês acreditam ser possível que o Deus imutável abra mão de sua aversão ao pecado de modo a deixar que o homem, destruído e agora redimido, possa se entre-

gar com persistência, sob o novo plano, àquilo que sob o velho plano o destruiu? O Deus que amava a justiça e odiava a iniquidade há seiscentos anos não tem ainda o mesmo amor à justiça e o mesmo ódio para com a iniquidade? ... Agora respiro o ar da estimada bondade do céu e posso andar diante de Deus em paz e graça; tentarei mais uma vez a aliança incompatível de dois princípios tão adversos como a de um Deus que aprova e um pecador que persiste? Como nós, recuperados de uma catástrofe tão terrível, continuaremos naquilo que antes nos envolveu nela? A cruz de Cristo, com o mesmo golpe poderoso e decisivo com que afastou de nós o curso do pecado, também afasta de nós, com certeza, o poder do pecado e seu amor."

E não somente o dr. Chalmers, mas muitos outros homens santos de sua geração, e da nossa, bem como de gerações há muito passadas, foram unânimes em declarar que a redenção realizada em nosso favor por nosso Senhor Jesus Cristo na cruz do Calvário nos livra tanto do poder do pecado como de sua culpa, e que Ele *pode* salvar totalmente os que por Ele se chegam a Deus.

Um curioso teólogo do século 17 disse:

"Não há algo tão contrário a Deus quanto o pecado, e Deus não tolerará que o pecado sempre domine a sua obra-prima, o homem. Quando consideramos a infinitude do poder de Deus para destruir aquilo que lhe é contrário, quem pode acreditar que o Diabo deve sempre permanecer e prevalecer? Creio que diverge e não condiz com a verdadeira fé que as pessoas sejam cristãs e, não obstante, creiam que Cristo, o Filho eterno de Deus, a quem foi dado todo o poder no céu e na terra, tolerará que o pecado e o Diabo tenham domínio sobre elas.

Mas vocês dirão que ninguém, mesmo com todo o poder que tenha, pode redimir-se a si próprio e que ninguém pode viver sem pecado. Concordaremos com isso. Mas se os homens dizem-nos que quando o poder de Deus vem para ajudar-nos e remir-nos do pecado, isto não pode se cumprir, então não podemos tolerar esta doutrina; nem espero que vocês o façam.

Vocês iriam aprová-la se eu lhes dissesse que Deus manifesta o seu poder para operar tal coisa, mas o Diabo o impede? Que é impossível para Deus operá-la, pois o Diabo não gosta dela? Que é impossível que qualquer pessoa seja libertada do pecado, porque o Diabo tem exercido tal poder sobre ela de maneira que Deus não pode expulsá-lo? Esta é uma doutrina lamentável, mas não é isso que tem sido pregado? Simplificando, ela diz que, embora Deus intervenha com seu poder, isso é impossível, porque o Diabo enraizou terrivelmente o pecado na natureza do homem. O homem não é criatura de Deus, e Deus tampouco pode torná-lo novo e expulsar dele o pecado? Se vocês disserem que o pecado está profundamente enraizado no homem, eu também digo o mesmo; mas não tão profundamente enraizado quanto Cristo Jesus, que entrou tão profundamente na raiz da natureza do homem a ponto de receber poder para destruir o Diabo e as suas obras, e resgatar e redimir o homem à justiça e santidade. Do contrário, é falso dizer que Ele 'pode salvar totalmente os que por ele se chegam a Deus'. Devemos jogar fora a Bíblia se dissermos que é impossível para Deus libertar o homem do pecado.

Sabemos que quando os nossos amigos estão presos, por exemplo, na Turquia ou em outro lugar, pagamos com o nosso dinheiro para que sejam libertados; mas não gastaremos o nosso dinheiro para isso se eles continuarem algemados. Qualquer pessoa não se sentiria traída por pagar tanto dinheiro para libertá-los e, feito o acordo para que fossem *declarados libertos*, eles ainda tivessem de usar algemas? Por quanto tempo? Enquanto lhes restasse um dia de vida. Isso é para o corpo, mas agora estou falando de alma. Cristo fez-se redenção para mim e me libertou do cativeiro. Sou prisioneiro em algum lugar? Sim. Em verdade, em verdade, todo o que comete pecado, disse Cristo, é servo do pecado, é escravo do pecado. Se você pecou, é um escravo, um cativo que deve ser libertado do cativeiro. Quem pagará o preço por mim? Sou pobre; não tenho coisa alguma; não posso libertar-me a mim mesmo: quem pagará o preço por mim? Veio um que pagou o preço por mim. Muito bem; esta é uma boa notícia; então, espero sair do meu cativeiro. Qual é o nome dele? Ele se chama Redentor? Então, espero aproveitar a minha redenção e sair do meu cativeiro. Não, dizem, você terá de permanecer no pecado enquanto viver. O quê? Nunca seremos libertados? Este coração pervertido e corrupto sempre será assim? Devo ser cristão e, contudo, não ter fé de que posso alcançar a santificação e uma vida santa? Não há poder, não há vitória sobre o pecado? Ele deve prevalecer contra mim enquanto eu viver? Que tipo de Redentor, então é este, ou que me adianta ser remido nesta vida?"

Passagens semelhantes poderiam ser citadas de Marshall, Romaine e de muitos outros para mostrar que esta doutrina não é nova na Igreja, por mais que tenha sido ignorada pela presente geração de cristãos. É a mesma velha história que encheu de cânticos de vitória a vida diária de muitos santos de Deus, ao longo de todas as eras; e que agora ressoa novamente para a alegria inexprimível de almas cansadas e oprimidas.

Não a rejeite, então, querido leitor, até que você tenha examinado as Escrituras, em oração, para ver se estas coisas de fato são assim. Peça a Deus para abrir os olhos do seu entendimento, por meio do seu Espírito, para que você possa saber "qual a suprema grandeza do seu poder para com os que cremos, segundo a eficácia da força do seu poder; o qual exerceu ele em Cristo, ressuscitando-o dentre os mortos e fazendo-o sentar à sua direita nos lugares celestiais" (Ef 1.19-20). E quando você começar a vislumbrar este poder, aprenda a tirar os olhos de sua própria fraqueza e, colocando o seu caso nas mãos de Deus, creia que Ele o libertará.

"Quando saíres à peleja contra os teus inimigos e vires cavalos, e carros, e povo maior em número do que tu, não os temerás; pois o Senhor, teu Deus, que te fez sair da terra do Egito, está contigo. Quando vos achegardes à peleja, o sacerdote se adiantará, e falará ao povo, e dir-lhe-á: Ouvi, ó Israel, hoje, vos achegais à peleja contra os vossos inimigos; que não desfaleça o vosso coração; não tenhais medo, não tremais, nem vos aterrorizeis diante deles, pois o Senhor, vosso Deus, é quem vai convosco a pelejar por vós contra os vossos inimigos, para vos salvar" (Dt 20.1-4).

Capítulo 2

O LADO DE DEUS E O LADO DO HOMEM

Muitos equívocos surgem sobre esta questão da vida e da caminhada na fé pelo fato de que esses dois lados não são claramente vistos. As pessoas tendem a pensar que há somente um lado da questão e, baseando-se exclusivamente no lado que veem com mais clareza, sem imaginar sequer o outro lado, não é de admirar que, como legítimas consequências, haja visões distorcidas da questão como um todo.

Ora, há dois lados muito definidos e distintos nesta questão e, como todas as outras questões, ela não pode ser plenamente entendida a menos que se tenha em mente ambos os lados. Eu me refiro à parte de Deus na obra de santificação e à parte do homem. Ambas são muito distintas e até contrastantes, mas, embora às vezes pareçam assim para um observador desatento, de fato não são contraditórias.

Certa vez, isso me foi ilustrado de um modo bastante surpreendente. Havia dois professores realizando conferências sobre esse assunto no mesmo lugar em horas alternadas. Um deles falou apenas sobre a parte de Deus na obra, enquanto o outro se baseou exclusivamente na parte do homem. Ambos estavam em perfeita sintonia um com outro e, por isso, perceberam plenamente que cada um deles estava ensinando diferentes lados da mesma grande verdade; e isso também foi entendido pela maior parte de seus ouvintes.

Entretanto, com alguns dos ouvintes aconteceu algo diferente, e uma senhora, bastante perplexa, disse para mim: "Não consegui entender nada. Aqui estão dois pregadores tentando ensinar exatamente a mesma verdade e, para mim, eles parecem visivelmente se contradizer". Senti naquele momento que ela expressava uma confusão que, muitas vezes, causa grande dificuldade na mente de muitos questionadores honestos desta verdade.

Suponhamos que dois amigos saiam para ver um edifício famoso e voltem para casa para descrevê-lo. Um deles viu somente o lado norte, enquanto o outro viu somente o lado sul. O primeiro diz: "O edifício foi construído desta forma e tem estes e estes andares e adornos". "Oh, não", diz o outro, interrompendo o primeiro, "você está totalmente enganado; eu vi o edifício e ele foi construído de um modo bem diferente, e seus adornos e andares eram assim e assim". Uma discussão acirrada poderia se seguir sobre a verdade das respectivas descrições até que os dois amigos descobrissem que ambos estavam descrevendo *lados* diferentes do prédio e, então, tudo voltaria à perfeita harmonia no mesmo instante.

Eu gostaria de deixar o mais claro possível o que julgo serem os dois lados distintos desta questão e mostrar como o modo que se vê um, sem considerar o outro, certamente criará impressões e visões erradas da verdade.

Em suma, eu diria que a parte do homem é confiar e a parte de Deus é operar. E é possível ver de imediato como essas duas partes são diferentes uma da outra sem que, contudo, sejam necessariamente contraditórias. O que quero dizer é o seguinte: há uma determinada *obra* a ser realizada. Devemos ser libertados do poder do pecado e aperfeiçoados em toda boa obra para que cumpramos a vontade de Deus. "Contemplando, como por espelho, a glória do

Senhor", devemos de fato ser "transformados, de glória em glória, na sua própria imagem, como pelo Senhor, o Espírito". Devemos ser transformados pela renovação de nossa mente para que experimentemos qual seja a boa, agradável e perfeita vontade de Deus. Uma verdadeira obra deve ser realizada em – e sobre – nós.

Os pecados que nos cercam devem ser vencidos; os maus hábitos, superados; as inclinações e sentimentos errados devem ser arrancados e os temperamentos e emoções santos, gerados. É preciso que haja uma transformação positiva. Assim ensina a Bíblia.

Ora, alguém tem de fazer isso. Nós o fazemos ou outra pessoa fará por nós. Na maioria das vezes tentamos fazê-lo por nós mesmos a princípio, e falhamos seriamente. Então, descobrimos nas Escrituras e por nossa própria experiência que é algo que não podemos fazer, mas que o Senhor Jesus Cristo veio com o propósito de realizar, e o fará por todos os que se entregarem totalmente em suas mãos e confiarem nele sem reservas.

Ora, sob estas circunstâncias, qual é a parte do cristão e qual é a parte do Senhor? É claro que o cristão não pode fazer outra coisa senão confiar; enquanto o Senhor, em quem ele confia, de fato realiza a obra que lhe foi confiada.

Confiar e *realizar* são naturalmente coisas diferentes e, muitas vezes, contraditórias de fato. Mas será que são contraditórias neste caso? É óbvio que não, pois se trata de duas partes diferentes. Se disséssemos que um homem, em um negócio, confiou seu caso a outro e, não obstante, ele mesmo passou a cuidar desse caso, estaríamos expressando uma contradição ou uma impossibilidade. Mas quando nos referimos a dois homens que, em um negócio, um confia ao outro algo que deve ser feito e o outro trata de trabalhar e fazê-lo, estamos expressando algo que é perfeitamente simples e conciliável. Quando dizemos, portanto, que nesta vida cabe ao homem confiar e a Deus fazer o que lhe foi confiado, não estamos propondo um problema muito difícil ou intricado.

O pregador que está falando sobre a parte do homem na questão não pode falar de outra coisa senão de entrega e confiança, pois isso certamente é tudo o que o homem pode fazer. Todos nós estamos de acordo neste sentido. E, não obstante, tais pregadores são sempre criticados como se, em dizendo isso, quisessem mostrar que não *há* outra parte e que nada deve ser feito a não ser confiar.

E surge o grito de que esta doutrina de fé suprime todas as realidades. Que basta dizer às almas para confiar e ponto final. Então elas se sentam, de agora em diante, em uma espécie de poltrona religiosa, sonhando com uma vida sem dar frutos que tenham de fato consequências. Todo este mal-entendido surge, sem dúvida, do fato de que ou o pregador deixou de expressar o outro lado da questão ou o ouvinte não o ouviu, o qual se resume no fato de que quando confiamos o Senhor opera, e muita coisa é realizada não por nós, mas por Ele. Verdadeiros resultados alcançamos por meio de nossa confiança, pois o nosso Senhor se encarrega do que lhe foi confiado e o realiza. *Nós* não fazemos coisa alguma, mas *Ele* o faz, e tudo se faz com a maior eficácia por causa disso. Assim que isso é visto com clareza, a dificuldade quanto à pregação da fé desaparece por completo.

Por outro lado, o pregador que se baseia na parte de Deus na questão é criticado por uma razão completamente diferente. Ele não fala de confiança, pois não cabe ao Senhor confiar, mas operar. A parte do Senhor é *fazer* o que lhe foi confiado. Ele disciplina e ensina por meio de exercícios interiores e providências exteriores. Faz com que tenhamos todos os recursos de sua sabedoria e de seu amor para nosso refinamento e purificação. Faz também com que tudo o que há na nossa vida e as circunstâncias sirvam para o grande propósito de levar-nos a crescer na graça e conformar-nos, dia após dia, e hora após hora, à imagem de Cristo.

Ele nos conduz por um processo de transformação mais longo ou mais curto conforme a necessidade de nosso caso, tornando reais e experimentais os resultados pelos quais esperamos. Por exemplo, temos ousadia de considerar-nos, pela fé, mortos para o pecado, segundo o mandamento de Romanos 6.11. O Senhor faz com que isso seja uma realidade e nos põe à morte por meio de mil pequenas mortificações e anula o homem natural. Nossa avaliação só é válida porque Deus assim o legitima. E, não obstante, o pregador que se baseia neste lado prático da questão, e fala dos processos de Deus para transformar as avaliações da fé em realidades experimentais, talvez seja acusado de contradizer toda a pregação da fé, de declarar somente um processo de santificação gradativa por meio das obras e de propor à alma uma tarefa impossível e irremediável.

Ora, santificação é tanto um passo de fé como um processo de obras. É um passo de entrega e confiança de nossa parte e um processo de desenvolvimento da parte de Deus. Por meio de um passo de fé chegamos a Cristo; por meio de um processo, "[crescemos] em tudo" nele. Por meio de um passo de fé nos colocamos nas mãos do oleiro divino; por meio de um processo gradativo, Ele nos transforma em um vaso para a sua própria honra, útil e preparado para toda boa obra.

Para ilustrar isso, suponhamos que eu tivesse de descrever para uma pessoa que desconhece totalmente o assunto a forma como um pedaço de barro se transforma em um belo vaso. Primeiro, eu lhe falo sobre o papel que o barro desempenha na questão; e tudo o que posso dizer neste sentido é que o barro é colocado nas mãos do oleiro e, depois, fica ali indiferente, submetendo-se a todas as vezes que as mãos do oleiro o amassa e o revira. De fato, não há nada mais a ser dito sobre o papel do barro.

Entretanto, será que o leitor poderia argumentar que não há nada mais a ser feito porque eu digo que isso é tudo o que o barro pode fazer? Se ele for um leitor inteligente, dirá: "Entendo; é isso o que o barro deve fazer. Mas o que o oleiro deve fazer?". "Ah", respondo, "agora chegamos à parte que realmente importa. O oleiro pega o barro entregue ao seu serviço e começa a moldá-lo e formá-lo como bem lhe apraz. Ele o amassa e o molda; o divide e torna a juntá-lo novamente; o molha e depois o deixa secar. Às vezes, ele o molda durante horas; outras vezes, o põe de lado durante dias e não toca nele. E, então, quando por meio de todos estes processos o barro fica perfeitamente maleável em suas mãos, o oleiro continua a transformá-lo no vaso que intentou fazer. Ele o faz girar na roda, o alisa, o amacia, o deixa secar ao sol, o queima no forno e, finalmente, eis que sai de sua olaria um vaso para a sua honra e próprio para seu uso".

Será que meu leitor dirá agora que estou entrando em contradição, que há pouco eu disse que o barro não tem outra coisa a fazer senão ficar indiferente nas mãos do oleiro, e agora estou pondo sobre ele um grande trabalho, que não pode realizar, e que se transformar neste vaso é uma tarefa impossível e perdida? É claro que não, pois ele verá que, antes de falar do papel do barro na questão, eu agora estou falando do papel do oleiro, e estes dois papéis são necessariamente diferentes, mas não contraditórios; e que não se espera que o barro faça o trabalho do oleiro, mas somente se submeta a ele.

Nada, ao que me parece, poderia ser mais claro do que a perfeita harmonia entre estes dois tipos de ensino *que parecem ser* contraditórios.

O que se *pode* dizer sobre a parte do homem nesta grande obra, senão que ele deve entregar-se continuamente e sempre confiar? Mas em se tratando do lado de Deus na questão, o que há que não pode ser dito acerca dos diversos e maravilhosos métodos pelos quais Ele realiza a obra que lhe foi confiada? É aqui que a transformação entra em cena.

O pedaço de barro jamais poderia se transformar em um belo vaso se ficasse no chão por milhares de anos; mas quando colocado nas mãos de um habilidoso oleiro logo se transforma, sob as formas que ele lhe dá, no vaso que tem em mente. E, de igual modo, a alma, entregue à obra do oleiro celestial se transforma em um vaso de honra, santificado e útil ao seu Possuidor.

Tendo, portanto, dado o passo de fé pelo qual se coloca inteira e incondicionalmente nas mãos de Deus, você deve agora esperar que Ele comece a operar. O modo como realiza aquilo que você lhe confiou talvez seja diferente do seu; mas Ele sabe o que fazer, e você deve ficar contente.

Conheci uma senhora que entrou nesta vida de fé com um grande derramar do Espírito e um maravilhoso fluir de luz e alegria. Ela acreditava, naturalmente, que isso era uma preparação para algum grande serviço e esperava ser enviada imediatamente para a seara do Senhor. Em vez disso, quase que ao mesmo tempo, seu marido perdeu todo o dinheiro e ela acabou presa em casa, cuidando de todos os tipos de tarefas domésticas, sem tempo ou força para realizar qualquer trabalho cristão. Ela aceitou a disciplina e se entregou tão entusiasticamente à tarefa de varrer, tirar o pó, cozinhar e costurar quanto teria se entregado à tarefa de pregar, orar ou escrever para o Senhor. E, consequentemente, graças a este mesmo treinamento, Deus a transformou em um vaso "útil ao seu possuidor, estando preparado para toda boa obra".

Outra senhora, que entrou nesta vida de fé sob circunstâncias semelhantes de maravilhosa bênção e que também esperava ser enviada para realizar alguma grande obra, acabou presa a duas crianças teimosas e inválidas, tendo de cuidar delas, fazer-lhes as vontades e entretê-las o dia todo. Ao contrário da primeira, essa senhora não aceitou o treinamento, mas irritou-se e se queixou e, por fim, rebelou-se, perdeu a bênção e voltou a um estado de triste frieza e miséria. Ela havia entendido que, em primeiro lugar, sua parte era confiar. Mas não entendendo o processo divino de realizar aquilo que esperava, se retirou das mãos do oleiro celestial e o vaso se perdeu na roda.

Creio que muitos vasos se perderam da mesma forma por não compreenderem estas coisas. Não se pode chegar à maturidade de uma experiência cristã em um instante, mas isso é o resultado da obra do Espírito Santo de Deus que, por seu poder revigorante e transformador, nos leva a crescer em Cristo em todas as coisas. E não podemos esperar esta maturidade de outra forma senão entregando-nos completa e prontamente à sua poderosa obra. Mas a santificação incentivada pelas Escrituras como uma experiência presente de todos os cristãos não consiste na maturidade do crescimento, e sim na pureza de coração. Isso pode se dar tanto nas primeiras quanto em nossas últimas experiências.

O pedaço de barro, desde o momento em que se submete à mão transformadora do oleiro, é, durante cada dia e cada hora do processo, simplesmente o que o oleiro quer que ele seja naquela hora ou naquele dia e, consequentemente, o que lhe agrada. No entanto, ele está muito longe de se transformar no vaso que o oleiro pretende fazer no futuro.

Uma criança pequena pode ser tudo o que uma criança poderia ser, ou deveria ser, e agradar perfeitamente à sua mãe. Não obstante, ela está muito longe do que a mãe quer que ela seja quando chegarem os anos da maturidade.

A maçã de junho é perfeita para o mês de junho; é a melhor maçã que o mês pode produzir: mas é muito diferente da maçã de outubro, que é uma maçã perfeita.

As obras de Deus são perfeitas em cada fase de seu crescimento. As obras do homem nunca são perfeitas a menos que estejam concluídas em todos os sentidos.

Tudo o que afirmamos, então, nesta vida de santificação, é que por um ato de fé nos colocamos nas mãos do Senhor para que Ele opere em nós tudo o que aprouver à sua vontade e, então, por meio de um contínuo exercício de fé, nos deixe ali. Esta é a nossa parte na questão. E, quando – e enquanto – a cumprimos, estamos, no sentido bíblico, realmente agradando a Deus, embora talvez levemos anos de treinamento e disciplina para transformar-nos em um vaso que será, em todos os sentidos, para a sua honra e preparado para toda boa obra.

Cabe a nós confiar; a Deus cabe produzir resultados. E quando fazemos a nossa parte, Ele nunca deixa de cumprir a dele, pois nunca alguém confiou no Senhor e foi envergonhado. Então, não tenha medo de que, se confiar ou pedir aos outros que confiem, a questão se encerre aqui. Confiança é a base inicial e contínua; mas quando confiamos o Senhor opera, e a sua obra é a parte importante de toda a questão. E isso explica aquele visível paradoxo que a tantos confunde. Eles dizem: "Em um instante, a senhora nos diz para não fazer nada a não ser confiar e, no instante seguinte, para fazer coisas impossíveis. Como a senhora consegue conciliar estas afirmações contraditórias?". Elas devem ser conciliadas, assim como conciliamos as afirmações acerca de um serrote em uma carpintaria, quando dizemos em um instante que o serrote serrou um tronco e, no instante seguinte, declaramos que foi o carpinteiro que o fez. O serrote é o instrumento usado; a força que o usa é do carpinteiro. E assim nós, submetendo-nos a nós e os nossos membros como instrumentos de justiça a Deus, descobrimos que Ele efetua em nós tanto o querer como o realizar, segundo a sua boa vontade. Então, poderemos dizer como Paulo: "Trabalhei... todavia, não eu, mas a graça de Deus comigo".

Na ordem divina, a obra de Deus depende de nossa cooperação. Declarou-se acerca de nosso Senhor que, em um determinado lugar, Ele não pôde fazer nenhum milagre por causa da incredulidade do povo. Não que Ele não quisesse, mas Ele não podia. Creio que muitas vezes pensamos que Deus não tem vontade de fazê-lo, quando a verdade é que Ele não pode. Assim como o oleiro, por mais habilidoso que seja, não pode fazer um belo vaso de um pedaço de barro que nunca foi colocado em suas mãos, Deus não pode fazer de mim um vaso para a sua honra a menos que eu me coloque em suas mãos. Minha parte é a correlação essencial da parte de Deus na questão de minha salvação. E uma vez que Deus, *sem dúvida*, cumprirá a sua parte, o importante é que eu descubra qual é a minha parte e depois a cumpra.

Neste livro, portanto, discorrerei naturalmente sobre o lado do homem, uma vez que estou escrevendo para seres humanos, e na esperança de deixar claro de que modo devemos cumprir a nossa parte desta grande obra. Contudo, eu gostaria que ficasse claramente entendido que, se eu não cresse de todo o meu coração na obra eficaz de Deus ao cumprir a sua parte, nenhuma palavra deste livro teria sido escrita.

Capítulo 3

A VIDA DEFINIDA

No PRIMEIRO CAPÍTULO, TENTEI esclarecer a questão sobre ser bíblica a experiência que às vezes é chamada de "a vida cristã mais sublime", mas que é a única verdadeira e, no meu entender, mais bem descrita na expressão "a vida oculta com Cristo em Deus" (Cl 3.3). No segundo, procurei conciliar os dois lados distintos desta vida; ou seja, a parte a ser feita pelo Senhor e a que necessariamente cabe a nós.

Agora, portanto, considerarei encerrada a questão de que as Escrituras apresentam ao cristão uma vida de permanente descanso e contínua vitória, a qual está muito além do curso comum da experiência cristã; e que, na Bíblia, nos é apresentado um Salvador capaz de livrar-nos do poder de nossos pecados de modo tão real como nos livra da culpa deles.

O próximo ponto a ser considerado diz respeito às principais características desta vida oculta com Cristo em Deus e de que forma ela difere, em muito, da experiência cristã comum.

Suas principais características são uma entrega total ao Senhor e uma perfeita confiança nele, resultando em vitória sobre o pecado e na paz interior da alma; e ela difere do curto alcance da experiência cristã no sentido de permitir que o Senhor leve os nossos fardos e cuide daquilo que nos diz respeito, em vez de nós mesmos tentarmos fazê-lo.

A maioria dos cristãos é como um homem que andava com dificuldade ao longo da estrada, curvado sob um fardo pesado, quando um carro o alcançou e o condutor prontamente se ofereceu para ajudá-lo em sua jornada. Alegre, ele aceitou a oferta, mas ao sentar-se no carro, continuou curvado debaixo do fardo que ainda mantinha sobre seus ombros. "Por que o senhor não tira este fardo de seus ombros?", perguntou o bondoso motorista. "Oh!", respondeu o homem, "acho que pedir para o senhor me levar já é demais, que dirá deixá-lo carregar o meu fardo também!". E, da mesma maneira, os cristãos que já se entregaram aos cuidados e à proteção do Senhor Jesus muitas vezes continuam curvados sob o peso de seus fardos, ficando cansados e sobrecarregados ao longo de toda a sua jornada.

Quando falo de fardos, eu me refiro a tudo aquilo que nos aflige, seja espiritual ou temporal.

Eu me refiro, em primeiro lugar, a nós mesmos. O fardo mais pesado que temos de carregar na vida é o *eu*; é a coisa mais difícil com a qual temos de lidar. O nosso viver diário, as nossas disposições e sentimentos, as nossas fraquezas especiais e tentações, o nosso temperamento peculiar, as nossas questões interiores de toda espécie – são as coisas que nos deixam perplexos e nos preocupam mais do que qualquer outra coisa, e que nos levam com maior frequência à escravidão e às trevas.

Portanto, ao livrar-se de seus fardos, a primeira coisa de que você tem de se libertar é do seu eu. Você deve entregar-se, com as suas tentações, o seu temperamento, as suas disposições, sentimentos e todas as suas experiências interiores e exteriores aos cuidados e à proteção de Deus e deixar tudo ali. Foi Ele que o fez e, portanto, o entende e sabe como lidar com você; e você deve confiar que Ele assim o fará.

Diga: "Aqui, Senhor, eu me entrego a ti. Tentei de todas as formas possíveis pensar em cuidar e fazer de mim mesmo o que, a meu ver, eu deveria ser, mas sempre falhei. Agora, eu me entrego a ti. Apodera-te de mim. Opera em mim o que aprouver à tua vontade. Molda-me e transforma-me em um vaso que te pareça bom. Eu me entrego em tuas mãos e creio que me transformarás, segundo a tua promessa, em um vaso para a tua honra, 'santificado e útil ao seu possuidor, estando preparado para toda boa obra' (2Tm 2.21)". E nisso você deve descansar, confiando a Ele o seu eu, contínua e completamente.

Em seguida, você deve se desfazer de todos os outros fardos – a sua saúde, a sua reputação, a sua obra cristã, as suas casas, os seus filhos, os seus negócios, os seus empregados; em suma, tudo o que lhe diz respeito, seja interior ou exterior.

Normalmente, é muito mais fácil confiarmos o nosso futuro ao Senhor do que confiarmos o nosso presente. Sabemos que não temos o controle do futuro, mas é como se o presente estivesse em nossas mãos e tivesse de ser levado sobre os nossos ombros; e a maioria de nós tem uma ideia inconfessa de que já é muito pedirmos ao Senhor que nos carregue, que dirá lhe pedirmos para levar nossos fardos também.

Tenho uma amiga que levava um fardo muito pesado. Esse fardo lhe tirava o sono e a fome, e ela corria o risco de perder a saúde por conta dele. Um dia, quando ele lhe parecia particularmente pesado, percebeu que havia sobre a mesa ao seu lado um pequeno folheto com o título "A Fé de Ana". Atraída pelo título, ela o pegou e começou a lê-lo, mal sabendo, entretanto, que esse folheto causaria uma revolução em toda a sua vida.

Era a história de uma pobre mulher que havia vencido um terrível sofrimento. Ela estava contando a história de sua vida a um homem em certa ocasião e, no final da história, comovido, ele disse: "Oh, Ana, não entendo como pôde suportar tanto sofrimento!". "Não fui eu", ela imediatamente respondeu, "foi o Senhor que o suportou em meu lugar". "Sim", disse o homem, "é assim que tem de ser. Devemos levar as nossas tribulações ao Senhor". "Sim", respondeu Ana, "mas devemos fazer mais do que isso: devemos *deixá-las* em suas mãos. As pessoas, em sua maioria, levam os seus fardos a Deus, mas tornam a voltar com eles e ficam mais preocupadas e infelizes do que nunca. Mas eu levo os meus fardos e os deixo com o Senhor. Então, vou embora e os esqueço. Se as preocupações voltarem, eu as levo novamente a Ele; e faço isso várias vezes até me esquecer, no final, de que tenho alguma preocupação. Assim, eu fico em perfeita paz".

Minha amiga ficou tão impressionada com esta história que decidiu fazer a mesma coisa. Ela não pôde mudar as circunstâncias, mas, em vez disso, as levou ao Senhor e as entregou para que se encarregasse delas; e então creu que Ele as tinha tomado e deixou com Ele toda a responsabilidade, as preocupações e a ansiedade. Toda vez que as ansiedades voltavam, ela tornava a levá-las ao Senhor; e, como consequência, embora as circunstâncias continuassem as mesmas, a sua alma foi guardada em perfeita paz. Ela percebeu que havia descoberto um segredo prático; e daquele momento em diante, nunca mais tentou carregar seus próprios fardos nem cuidar de seus próprios assuntos, mas passou a entregá-los, tão logo surgissem, ao Deus que leva todos os fardos.

Este mesmo segredo que ela descobriu ser tão eficaz em sua vida exterior também se mostrou ainda mais eficaz em sua vida interior, que era, na verdade, ainda mais incontrolável. Ela entregou ao Senhor todo o seu ser, com tudo o que ela era e com tudo o que tinha. Crendo que Ele havia aceitado aquilo que lhe havia entregado, deixou de afligir-se e preocupar-se, e sua vida passou a brilhar na alegria de pertencer a Deus. Ela descobriu um segredo muito simples, o simples segredo de que era possível obedecer ao mandamento de Deus expresso nestas palavras: "Não andeis ansiosos de coisa alguma; em tudo, porém, sejam conhecidas, diante de Deus, as vossas petições, pela oração e pela súplica, com ações de graças" (Fp 4.6); e que, ao lhe obedecer, inevitavelmente o resultado seria, segundo a promessa: "A paz de Deus, que excede todo o entendimento, guardará o vosso coração e a vossa mente em Cristo Jesus" (Fp 4.7).

Há muitas outras coisas que devem ser ditas sobre esta vida escondida com Cristo em Deus, muitos detalhes sobre o que o Senhor Jesus faz por aqueles que se entregam a Ele. Contudo, a essência de toda a questão está enunciada aqui; e a alma que descobriu este segredo da simples fé encontrou a chave para abrir todos os tesouros da casa de Deus.

Estou certa de que estas páginas chegarão às mãos de alguns filhos de Deus que têm fome de levar uma vida como a que estou descrevendo aqui. Se você deseja muito livrar-se de seus cansativos fardos, terá prazer de passar a direção de seu incontrolável ser às mãos daquele que pode controlá-lo. Você está cansado e farto, e a paz de que falo lhe parece indescritivelmente doce.

Você se lembra da maravilhosa sensação de paz com a qual às vezes se deita à noite, depois de um dia de muito esforço e cansaço? Como é deliciosa a sensação de relaxar cada músculo e deixar que o corpo se entregue perfeitamente ao bem-estar e ao conforto! A tensão do dia pelo menos cessa por algumas horas e o trabalho do dia fica suspenso. Já não tem mais de suportar uma dor de cabeça ou cansaço nas costas. Você se entrega à cama com uma total confiança e ela o acolhe, sem nenhum esforço, tensão ou algum pensamento de sua parte. Você descansa!

Mas suponhamos que você duvidasse da força ou da firmeza de sua cama e imaginasse a cada instante que ela poderia ceder ao seu peso e derrubá-lo ao chão. Você poderia descansar assim? Cada músculo de seu corpo não ficaria teso para tentar, em vão, sustentá-lo, e o cansaço não seria maior do que o que você tinha antes de se deitar?

Que esta analogia lhe ensine o que significa descansar no Senhor. Que a sua alma descanse na cama de sua doce vontade, assim como o seu corpo descansa em sua cama à noite. Relaxe cada tensão e se desfaça de cada fardo. Entregue-se em um perfeito abandono ao bem-estar e ao conforto, certo de que, uma vez que Ele o sustenta, você está em perfeita segurança. Cabe a você simplesmente descansar. Cabe a Deus sustentá-lo; e Ele não falhará.

Considere ainda outra analogia que o próprio Senhor confirmou inúmeras vezes – a de sermos como crianças: "E Jesus, chamando uma criança, colocou-a no meio deles. E disse: Em verdade vos digo que, se não vos converterdes e não vos tornardes como crianças, de modo algum entrareis no reino dos céus" (Mt 18.2-3).

Ora, quais são as características de uma criança e de que maneira ela vive? Ela vive pela fé e sua principal característica é a de estar livre de preocupações. A sua vida consiste em confiar de ano a ano. Ela confia nos pais, em quem cuida dela, nos professores e, às vezes, até em pessoas que não merecem nenhuma confiança, por causa da abundante confiança de sua natureza.

E esta confiança é generosamente respondida. A criança não provê coisa alguma para si mesma e, não obstante, tudo lhe é concedido. Ela não se preocupa com o amanhã nem faz planos e, não obstante, toda a sua vida está planejada e ela vê os seus caminhos preparados, abrindo-se diante dela à medida que os segue dia após dia e hora após hora. Ela entra e sai da casa de seu pai com uma indescritível tranquilidade e desembaraço, desfrutando de todas as coisas boas que existem ali sem gastar um centavo para obtê-las.

A doença pode passar pelas ruas de sua cidade, mas a criança a despreza. Fome, fogo e guerra podem devastar toda a cidade, mas, sob o terno cuidado de seu pai, a criança permanece totalmente despreocupada e perfeitamente descansada. Ela vive no presente e aceita a vida sem questionar, uma vez que essa vida lhe é dada, dia após dia, das mãos de seu pai.

Certa vez, passei um tempo em um lar abastado onde havia uma criança adotada, sobre a qual eram derramados todo o amor, ternura e cuidado que os corações humanos podem oferecer ou que os recursos materiais podem prover. E, enquanto observava aquela criança correndo de um lado para o outro, dia após dia, livre e despreocupada, com a alegre indiferença típica da infância, imediatamente imaginei ser esta a cena de nossa maravilhosa posição como filhos na casa de nosso Pai Celestial.

Então, disse a mim mesma: "Se nada entristece e magoa mais os corações amorosos que cercam esta criança do que vê-la preocupada ou ansiosa em relação a si mesma – quanto a se terá o que comer e o que vestir ou como será a sua educação ou seu futuro –, quanto mais o grande e amoroso coração de nosso Deus se entristece e se magoa ao ver seus filhos um tanto ansiosos e preocupados! E entendi por que foi que o nosso Senhor nos disse de forma tão enfática: "Não andeis ansiosos de coisa alguma" (Mt 6.25).

De quem mais cuidamos em uma casa? Não são das crianças? E não é o menor de todos, o bebê indefeso, que recebe o maior cuidado? Todos nós sabemos que ele não fia, nem tece; e, mesmo assim, alimenta-se, veste-se, é amado e se alegra mais ternamente do que o mais rígido trabalhador.

Esta vida de fé sobre a qual estou escrevendo consiste simplesmente nisto: ser uma criança na casa do Pai. E quando se diz isto, diz-se o bastante para transformar cada vida cansada e sobrecarregada em uma vida de bênção e descanso.

Que a confiança e o desapego aos cuidados exibidos por uma criança, que tanto lhe agradam e prendem o seu coração aos seus filhos, ensinem a você quais devem ser as suas atitudes para com Deus; e, ao colocar-se nas mãos dele, aprenda a literalmente não andar "ansioso de coisa alguma"; e você verá que a paz de Deus, que excede todo o entendimento, guardará (como se fosse uma guarnição) o seu coração e a sua mente em Cristo Jesus.

"Tu, SENHOR, conservarás em perfeita paz aquele cujo propósito é firme; porque ele confia em ti" (Is 26.3). Esta é a descrição divina da vida de fé sobre a qual estou escrevendo. Não se trata de uma teoria especulativa nem de um sonho romântico. O fato de que uma alma é conservada em perfeita paz, agora e aqui nesta vida, *existe*; e a confiança típica de uma criança é a chave para alcançá-lo.

Capítulo 4

COMO ENTRAR

D̶EPOIS DE TENTAR RESOLVER a questão acerca de ser bíblica a realidade desta vida escondida com Cristo em Deus, e tendo também mostrado um pouco como ela é, o próximo ponto diz respeito a como ela deve ser alcançada e entendida.

Eu diria, em primeiro lugar, que esta vida abençoada não deve ser vista, de forma alguma, como algo a ser alcançado, mas como algo que pode ser obtido. Não podemos ganhá-la, não podemos subir para alcançá-la, não podemos conquistá-la; não podemos fazer outra coisa senão pedi-la e recebê-la. É uma dádiva de Deus em Cristo Jesus.

E quando se trata de uma dádiva, a única alternativa que resta para quem a recebe é aceitá-la e agradecer à pessoa que a ofereceu. Nunca dizemos de uma dádiva: "Veja o que conquistei", nem nos vangloriamos de nossa habilidade e sabedoria por a termos alcançado; pelo contrário, dizemos: "Veja o que me foi dado", e nos vangloriamos do amor, da riqueza e da generosidade do doador. E tudo em nossa salvação é uma dádiva. Do começo ao fim, é Deus quem dá e somos nós que recebemos; e as promessas mais preciosas não são para aqueles que fazem grandes obras, mas para aqueles que "recebem a abundância da graça e o dom da justiça" (Rm 5.17).

Por essa razão, para se ter uma experiência prática desta vida interior, a pessoa deve ter uma atitude receptiva, reconhecendo plenamente o fato de que se trata de uma dádiva de Deus em Cristo Jesus, e que essa dádiva não pode ser obtida por meio de nossos próprios esforços ou obras. Isso simplificará consideravelmente o assunto. E a única coisa que restará ser considerada, então, será descobrir a quem Deus concede essa dádiva e como recebê-la. Minha resposta, em síntese, seria: que Ele a concede somente à pessoa totalmente consagrada e que é recebida pela fé.

Consagração

A consagração é o primeiro passo – não no sentido estabelecido por lei, nem para se obter ou merecer a bênção, mas para que as dificuldades do caminho sejam removidas e Deus possa concedê-la. Para que uma massa de barro se transforme em um belo vaso é preciso que ela fique totalmente entregue às mãos do oleiro e ali repouse passivamente. E, de igual modo, para que uma pessoa venha a ser um vaso de honra para Deus, "santificado e útil ao seu possuidor, estando preparado para toda boa obra" (2Tm 2.21), é preciso que se entregue totalmente e repouse passivamente em suas mãos. Isso fica evidente à primeira vista.

Certa vez, eu estava tentando explicar para um médico que trabalhava em um grande hospital a necessidade e o significado da consagração, mas ele parecia incapaz de compreender. Por fim, eu lhe disse: "Suponhamos que, ao visitar seus pacientes, o senhor se depare com um homem que lhe implora encarecidamente para dar atenção especial ao caso dele para que possa curá-lo. Mas, ao mesmo tempo, se nega a revelar todos os seus sintomas ou tomar todos os remédios que lhe foram prescritos e lhe diz: 'Estou muito disposto a seguir as suas orientações sobre determinadas coisas, pois elas me parecem boas, mas, em outras questões, prefiro fazer meu próprio julgamento e seguir minha própria orientação'. O que o senhor faria neste caso?", perguntei.

"Faria a minha parte!", o médico me respondeu, indignado. "Faria a minha parte e deixaria que esse homem cuidasse de si mesmo. É óbvio que eu nada poderia fazer por ele a menos que deixasse todo o caso em minhas mãos, sem nenhuma reserva, e seguisse à risca as minhas orientações." "É necessário, então", perguntei, "que os médicos sejam obedecidos se quiserem ter alguma chance de curar seus pacientes?".

"Obedecidos à risca!", foi sua resposta enfática. "E isso é consagração", continuei. "Deus deve ter todo o caso em suas mãos, sem nenhuma reserva, e suas orientações devem ser seguidas à risca." "Entendo", ele exclamou. "Entendo e farei isso. Deus fará as coisas à maneira dele em minha vida de agora em diante."

Para algumas pessoas talvez a palavra "abandono" possa expressar melhor esta ideia do que a palavra "consagração". Mas, independentemente da terminologia que usemos, queremos mostrar uma entrega total de todo o nosso ser a Deus – espírito, alma e corpo sob seu total controle, para que faça conosco simplesmente o que lhe agrada. Significa que a linguagem de nosso coração, sob todas as circunstâncias e diante de todo ato, deve ser: "Faça-se a tua vontade". Significa renunciar a toda a liberdade de escolha. Significa uma vida de inevitável obediência.

Para uma pessoa que não conhece a Deus, isso talvez pareça difícil; entretanto, para aqueles que o conhecem, é a vida mais feliz e mais tranquila que existe. Ele é o nosso Pai, nos ama e sabe exatamente o que é melhor. Por essa razão a sua vontade é, sem dúvida, a maior bênção que pode nos acontecer sob quaisquer circunstâncias. Não entendo como tantos cristãos estão cegos para este fato. No entanto, o que realmente parece é que os próprios filhos de Deus temem mais a vontade dele do que qualquer outra coisa na vida – a sua doce e amável vontade, que tão-somente é sinônimo de benignidade, misericórdia e bênçãos indescritíveis para a sua alma!

Eu gostaria de poder mostrar a todos a insondável doçura da vontade de Deus. O céu é um lugar de infinita alegria, porque ali a sua vontade se cumpre com perfeição, e a nossa vida partilha dessa alegria à medida que a sua vontade se cumpre nela. Ele nos ama e a vontade do amor é sempre bênção para o seu ser amado. Alguns de nós sabemos o que é amar e que, se pudéssemos tão-somente agir como bem entendêssemos, os nossos entes queridos seriam inundados de bênçãos. Tudo o que é bom, doce e adorável na vida seria derramado de nossas mãos generosas sobre eles, se ao menos tivéssemos o poder para cumprir neles a nossa vontade.

E se é assim que amamos, que dirá o nosso Deus, que é o próprio amor! Se tão-somente pudéssemos vislumbrar a profundidade de seu amor, nosso coração saltaria para cumprir a sua vontade e iria aceitá-la como nosso maior tesouro; e nós nos renderíamos a ela com o entusiasmo da gratidão e da alegria por vermos que tal maravilhoso privilégio poderia ser nosso.

Um grande número de cristãos parece praticamente pensar que tudo o que o Pai celestial deseja é uma oportunidade para deixá-los tristes e lhes tomar todas as suas bênçãos. Eles também imaginam, pobres almas, que se conseguirem apegar-se às coisas a seu bel-prazer, poderão impedir Deus de fazer isso. Tenho vergonha de escrever estas palavras, mas devemos encarar o fato que está causando a desgraça de centenas de vidas.

Um cristão, bastante atribulado, estava relatando para outro os vários esforços que havia feito para ser liberto, e concluiu dizendo: "Mas tudo foi em vão, e nada me resta fazer agora senão confiar no Senhor".

"Meu Deus!", exclamou seu amigo em um tom da mais profunda comiseração, como se não fosse possível risco maior. "Meu Deus! A que ponto *as coisas* chegaram!"

Uma senhora cristã, que tinha este mesmo sentimento, certa vez estava expressando para uma amiga o quanto era impossível para ela dizer "Faça-se a tua vontade", e o quanto tinha medo de ter de fazê-la. Ela só tinha um garotinho, que era herdeiro de uma grande fortuna e o ídolo de seu coração. Depois de ela ter falado de todas as suas dificuldades, sua amiga disse: "Suponhamos que o seu pequeno Charley viesse correndo para você amanhã e dissesse: 'Mãe, decidi que, de agora em diante, a senhora pode fazer o que quiser comigo. Vou sempre lhe obedecer, e quero que a senhora faça comigo o que achar melhor. Confiarei no seu amor'. Como você se sentiria em relação a ele? Você diria para si mesma: 'Ah! Agora terei a chance de fazer de Charley uma pessoa infeliz. Tirarei dele tudo o que lhe dá prazer e farei o que estiver ao meu alcance para encher a vida dele de coisas que sejam difíceis e desagradáveis. Eu o obrigarei a fazer as coisas que forem as mais difíceis e lhe darei todos os tipos de ordens, as mais impossíveis'".

"Oh, não, não, não!", exclamou a mãe, indignada. "Você sabe que eu não faria isso. Você sabe que eu o apertaria em meu peito, o cobriria de beijos e me apressaria para encher a sua vida de todas as coisas mais doces e melhores." "E será que você é mais afetuosa e mais amorosa do que Deus?", perguntou a amiga. "Ah, não!", respondeu ela. "Vejo o meu erro. É claro que não devo mais ter medo de dizer: 'Faça-se a tua vontade', para o meu Pai Celestial, em vista do quanto gostaria que o meu Charley dissesse o mesmo para mim."

Melhor e mais doce do que saúde, amigos, dinheiro, fama, conforto ou prosperidade, é a adorável vontade do nosso Deus. Ela ilumina com um halo divino os momentos mais sombrios e irradia os raios de sol mais reluzentes nos caminhos mais tristes. Aquele que fez dela o seu reino sempre reina, e nenhum mal pode lhe acontecer. Sem dúvida, então, quando eu lhes digo que o primeiro passo que vocês devem dar para entrar na vida escondida com Cristo em Deus é o da total consagração, isso não passa de um maravilhoso privilégio que está se abrindo diante de vocês.

Não olhem para ela como uma rígida e dura exigência. Vocês devem cumpri-la com alegria, com gratidão e com entusiasmo. Devem entrar no que chamo de o lado privilegiado da consagração. E posso garantir-lhes, com o testemunho universal de todos que o experimentaram, que acharão o lugar mais feliz em que já entraram.

Fé

A fé é o segundo passo e vem depois da entrega. Fé é um elemento totalmente necessário para que recebamos qualquer dádiva. Suponhamos que nossos amigos nos deem alguma coisa. Ela não será nossa a menos que acreditemos que nos foi dada e declaremos que é nossa. Acima de tudo, isso se aplica aos dons que são puramente intelectuais ou espirituais. O amor pode nos ser oferecido sem limite ou sem medida por outra pessoa, mas se não acreditarmos que somos amados, ele nunca será de fato nosso.

Suponho que a maioria dos cristãos entende este princípio no tocante à questão do perdão. Eles sabem que, ainda que ouvissem falar para sempre sobre o perdão de pecados por meio de Jesus, nunca o teriam de fato a menos que cressem nesta pregação e tomassem posse do perdão. Mas, em se tratando da vida cristã, eles se esquecem deste princípio e pensam que, uma vez salvos pela fé, devem viver agora pelas obras e esforços. E, em vez de continuarem a *receber*, agora começam a *fazer*.

COMO ENTRAR

Dizer que é necessário entrar pela fé nesta vida escondida com Cristo em Deus parece ser algo completamente incompreensível para eles. E, não obstante, está claramente declarado que "como recebestes Cristo Jesus, o Senhor, assim andai nele" (Cl 2.6).

Nós o recebemos pela fé, e somente pela fé; portanto, devemos andar nele pela fé, e somente pela fé. E a fé que nos faz entrar nesta vida escondida é exatamente a mesma que nos fez passar do reino das trevas para o reino do amado Filho de Deus, só que com uma diferença. *Então* cremos que Jesus nos salvou da culpa do pecado e, de acordo com a nossa fé, isso nos aconteceu; *agora* devemos crer que Ele nos salva do poder do pecado e, de acordo com a nossa fé, isso nos acontecerá.

Esperamos receber dele o perdão, e fomos perdoados; *agora* devemos esperar receber dele a justiça, e ela também será nossa. Nós o aceitamos como aquele que nos salvará dos castigos decorrentes de nossos pecados no futuro; *agora* devemos aceitá-lo como aquele que nos salva, no presente, da escravidão de nossos pecados. Ele era o nosso Redentor; *agora* deve ser a nossa vida. Ele nos fez levantar da cova; *agora* nos faz assentar consigo nos lugares celestiais.

Refiro-me a tudo isso, sem dúvida, de modo experimental e prático. Teológica e legalmente, sei que todo cristão passa a ter tudo assim que se converte; mas, empiricamente, nada é dele até que tome posse pela fé. "Todo lugar que pisar a planta do vosso pé, vo-lo tenho dado" (Js 1.3). Deus "nos tem abençoado com toda sorte de bênção espiritual nas regiões celestiais em Cristo" (Ef 1.3), mas a menos que coloquemos a planta do nosso pé nessas bênçãos, elas, na prática, não serão nossas. "Segundo a nossa fé" é sempre o limite e a regra.

Entretanto, essa fé de que estou falando deve ser uma fé presente. Nenhuma fé que é exercida só no futuro significa muito. O homem pode crer a vida toda que seus pecados serão perdoados em algum momento do futuro e, com isso, nunca encontrará paz. Ele precisa ter a fé do *agora* e dizer com uma fé que se apropria no presente: "Meus pecados estão perdoados agora", para que a sua alma possa descansar.

E, de igual modo, nenhuma fé que espera uma libertação futura do poder do pecado irá levá-lo à vida que estamos descrevendo. O inimigo deleita-se nesta fé futura, pois sabe que ela é impotente para surtir algum resultado prático. No entanto, ele treme e foge quando a alma do cristão tem ousadia para reivindicar uma libertação no presente e reconhecer-se livre *agora* de seu poder.

Para uma pessoa que não conhece a Deus, isso talvez pareça difícil. Entretanto, para aqueles que o conhecem, é a vida mais feliz e mais tranquila que existe. Ele é o nosso Pai, nos ama e sabe exatamente o que é melhor. Por essa razão a sua vontade é, sem dúvida, a maior bênção que pode nos acontecer sob quaisquer circunstâncias. Não entendo como tantos cristãos estão cegos para este fato. No entanto, o que realmente parece é que os próprios filhos de Deus temem mais a vontade dele do que qualquer outra coisa na vida – a sua doce e amável vontade, que tão-somente é sinônimo de benignidade, misericórdia e bênçãos indescritíveis para a sua alma!

E, se você descartar todas as outras considerações e simplesmente prestar atenção nestes dois pontos, e estiver totalmente certo e decidido acerca deles, o seu progresso será rápido e a sua alma alcançará o refúgio desejado muito antes do que você agora acredita ser possível.

Devo repetir os passos para que não haja erro? Você é um filho de Deus e almeja agradá-lo. Você ama o seu divino Mestre e está farto e cansado do pecado que o entristece. Deseja ser liberto do poder do pecado. Tudo o que tentou até aqui não serviu para libertá-lo; e agora, em seu desespero, pergunta se de fato é possível, como estas pessoas felizes dizem, que Jesus seja capaz e esteja disposto a libertá-lo.

Certamente, você deve saber no íntimo de sua alma que Ele é – que salvá-lo das mãos de todos os seus inimigos é, na verdade, a verdadeira razão de sua vinda. Então, confie nele. Entregue-lhe a sua causa sem nenhuma reserva e creia que se encarregará dela. E, sabendo o que Ele é e o que disse, declare que Ele o salva neste exato momento. Assim como você creu da primeira vez que o libertou da culpa do pecado porque Ele o disse, creia agora que o liberta do poder do pecado porque Ele o diz.

Pela fé, tome posse agora de um novo poder em Cristo. Você confiou nele como o Salvador que morreu por você; agora, confie nele como seu Salvador que está vivo. Assim como veio para libertá-lo do castigo futuro, também veio para libertá-lo da presente escravidão.

Assim como verdadeiramente veio para levar os açoites em seu lugar, veio para viver a sua vida em seu lugar. Você é totalmente impotente tanto no primeiro quanto no segundo caso. É tão difícil livrar-se dos próprios pecados quanto aplicar a si mesmo a sua própria justiça. Cristo, e somente Cristo, faz ambas as coisas por você. Compete a você, em ambos os casos, simplesmente entregar-lhe a situação e, depois, crer que cuidará dela.

Uma senhora, depois muito conhecida pela confiança, quando estava procurando em meio a densas trevas e à perplexidade entrar nessa vida, disse à amiga que estava tentando ajudá-la:

"Todos vocês dizem: 'Renuncie-se a si mesmo e confie, renuncie-se a si mesmo e confie; mas não sei como. Eu gostaria que você simplesmente o fizesse em voz alta, para que eu pudesse ver como você faz'.

Devo fazê-lo em voz alta para você?

'Senhor Jesus, creio que tu és capaz e estás disposto a libertar-me de todo o cuidado, ansiedade e escravidão em minha vida cristã. Creio que morreste para me libertar, não só no futuro, mas agora e aqui. Creio que és mais forte do que o pecado e que podes impedir-me, mesmo a mim, em minha extrema fraqueza, de cair nos laços do pecado ou obedecer às suas ordens. E, Senhor, vou confiar que me guardarás. Tentei guardar-me e fracassei, e fracassei muito seriamente. Por isso, agora confiarei em ti. Eu me entrego a ti. Não tenho reservas. Corpo, alma e espírito apresento a ti, como um pedaço de barro, para ser moldado e transformado naquilo que o teu amor e a tua sabedoria quiserem. E agora *sou* teu. Creio que aceitaste aquilo que te apresento; creio que este pobre, fraco e néscio coração foi dominado por ti e que começaste, neste exato momento, a operar em mim para que eu deseje e faça aquilo que te agrada. Confio *totalmente* em ti, e confio em ti *agora*."

Certo homem foi obrigado a descer a um poço profundo deslizando em uma corda firme que, supostamente, deveria ser longa o suficiente para chegar ao fundo do poço. Mas para seu espanto ele chegou ao fim da corda antes de seus pés tocarem o chão do poço. Ele não tinha força para subir novamente; soltar-se da corda e cair não lhe parecia outra coisa senão despedaçar-se lá embaixo. Ele se segurou até perder por completo as forças e, então, se lançou, a seu ver, para a morte. Ele caiu – cerca de oito centímetros – e se viu seguro na pedra lá embaixo.

Você está com medo de dar este passo? Parece mais uma atitude precipitada e um salto no escuro? Você não sabe que o passo da fé sempre "cai no aparente vácuo, mas acha a rocha por baixo"?

Se quiser entrar nesta terra gloriosa que mana leite e mel, você deve mais cedo ou mais tarde pisar nas águas cheias, pois não há outro caminho. E fazê-lo agora é algo que pode poupá-lo de meses e até anos de decepção e dor.

Ouça a Palavra do Senhor: "Não to mandei eu? Sê forte e corajoso; não temas, nem te espantes, porque o Senhor, teu Deus, é contigo por onde quer que andares" (Js 1.9).

Capítulo 5

DIFICULDADES ACERCA DA CONSAGRAÇÃO

É MUITO IMPORTANTE QUE os cristãos não ignorem as tentações que parecem prontas para se levantar contra cada passo que dão rumo ao céu e que estão, sobretudo, operando quando a alma desperta para uma fome e sede de justiça e começa a alcançar a plenitude que é nossa em Cristo.

Um das maiores tentações é a dificuldade acerca da consagração. É dito para a pessoa que busca santidade que ela deve se consagrar. Ela se esforça neste sentido mas, em seguida, se depara com uma dificuldade. A seu ver já se consagrou e, contudo, não vê diferença em sua experiência. Nada parece que mudou e, uma vez que esperava uma mudança, se vê totalmente aturdida e faz uma pergunta quase em desespero: "Como saberei que estou consagrado?".

A principal tentação que surpreende a alma nesta conjuntura é a mesma que a ataca ao longo do caminho, a cada passo de seu avanço: a questão que se refere aos *sentimentos*. Não podemos crer que estamos consagrados a menos que *sintamos* que estamos: e, uma vez que não sentimos que Deus nos tomou em suas mãos, não podemos crer que Ele o fez. Como de costume, colocamos o sentimento em primeiro lugar, a fé em segundo e o fato por último.

Ora, a lei imutável de Deus em tudo é fato em primeiro lugar, fé em segundo e sentimento por último. Quando procuramos mudar esta ordem, estamos lutando contra o inevitável.

A forma de enfrentar esta tentação acerca da consagração é simplesmente ficar do lado de Deus na questão e aceitar a sua ordem, colocando a fé antes dos sentimentos. Entregue-se ao Senhor definitiva e completamente, segundo a sua presente luz, pedindo ao Espírito Santo para mostrar-lhe tudo o que lhe é contrário, seja em seu coração ou em sua vida.

Se Ele lhe mostrar alguma coisa, entregue-a ao Senhor no mesmo instante e diga o seguinte em relação a ela: "Faça-se a tua vontade". Se Ele não lhe mostrar nada, então você deve crer que não há nada e deve concluir que já entregou tudo a Ele. Em seguida, reconheça o fato de que, quando você se entrega a Deus, Ele o aceita; e, neste instante, deixe que a sua fé tome posse desse fato. Comece a crer e apegue-se firmemente ao fato de que Ele aceitou aquilo que você lhe entregou.

Você não deve de forma alguma esperar sentir que se entregou ou que Deus o aceitou. Deve simplesmente crer e reconhecê-lo verdadeiramente. E se estiver firme neste reconhecimento, mais cedo ou mais tarde os sentimentos virão e você perceberá que, na verdade, é uma bênção o fato de ser totalmente do Senhor.

Se quisesse dar uma propriedade para um amigo, você teria de dá-la e ele teria de recebê-la pela fé. Uma propriedade não é algo que se pode pegar e entregar a outra pessoa. A ação de dar e a de receber, nesse caso, é uma transação feita pela palavra e, portanto, uma transação de fé.

Se você certo dia desse uma propriedade para um amigo e depois duvidasse se realmente a tinha dado e se ele realmente a tinha aceitado e a considerado como sendo de fato dele, e sentisse ser necessário procurá-lo no dia seguinte para renovar a dádiva; e se ainda no terceiro dia não tivesse certeza do que havia feito e voltasse novamente e renovasse a dádiva; e, no quarto dia, passasse pelo mesmo processo, e assim por diante, dia após dia, durante meses e anos –, o que seu amigo pensaria e qual seria, por fim, a condição de sua própria mente em relação a isso? Seu amigo certamente começaria a duvidar se você realmente teve a intenção de lhe dar a propriedade e você mesmo ficaria tão perplexo com a questão que não saberia se a propriedade era sua ou dele.

Ora, não é assim que você vem agindo com Deus nesta questão da consagração? Você se entrega a Ele todos os dias, por meses talvez, mas, invariavelmente, deixa seus períodos de consagração curioso por saber se realmente se entregou e se Ele o aceitou. E uma vez que não *sente* nenhuma mudança, você finalmente conclui, depois de muitas deliberações dolorosas, que nada foi feito.

Você sabia que este tipo de perplexidade durará para sempre se não for cortado pela fé? Você deve chegar a reconhecer a questão como algo feito e resolvido, e deve deixá-la ali, antes de esperar qualquer mudança de sentimento, seja ela qual for.

A lei levítica das ofertas ao Senhor define isso como um fato primordial. Tudo o que é dado a Deus torna-se, por este mesmo ato, algo santo, separado de todas as outras coisas, que não pode, sem sacrilégio, ser usado para outros fins. "No entanto, nada do que alguém dedicar irremissivelmente ao Senhor, de tudo o que tem, seja homem, ou animal, ou campo da sua herança, se poderá vender, nem resgatar; toda coisa assim consagrada será santíssima ao Senhor" (Lv 27.28).

Uma vez dada ao Senhor, a coisa consagrada era, daquele momento em diante, reconhecida por todo o Israel como algo do Senhor. Ninguém ousava estender a mão para reavê-la. O ofertante podia ter entregado a sua oferta com tristeza e sem entusiasmo, mas, uma vez feita, a questão saía de todo de suas mãos e a coisa consagrada, segundo a própria lei de Deus, passava a ser "santíssima ao Senhor". Ela não era santificada pelo estado de espírito do ofertante, mas pela santidade do Deus que a recebia. "O altar santifica a oferta"; e uma oferta, uma vez deitada sobre o altar, pertencia ao Senhor a partir daquele momento.

Posso imaginar um ofertante, depois de ter depositado uma oferta, começar a sondar o seu coração acerca de sua sinceridade e honestidade ao fazê-lo. Então, ele procura o sacerdote para dizer que está com medo de não ter dado a sua oferta da maneira correta, ou que não havia sido totalmente sincero ao entregá-la. Estou certa de que o sacerdote faria com que ele se calasse de uma vez por todas, dizendo: "Quanto ao seu modo de dar a sua oferta ou quais foram os seus motivos no momento de entregá-la, não sei. O fato é que você a fez e ela é do Senhor, pois toda coisa consagrada será santíssima a Ele. É tarde demais para desfazer a transação".

E não só o sacerdote, mas todo o Israel, ficaria espantado com o fato de o homem, uma vez tendo dado a sua oferta, estender a sua mão para tomá-la de volta. Contudo, dia após dia, os cristãos mais sinceros, sem pensar no sacrilégio que estão cometendo, são culpados de um ato semelhante em sua própria experiência, entregando-se ao Senhor em uma solene consagração e, depois, pela falta de fé, retomando aquilo que entregaram.

Uma vez que Deus, aos nossos olhos, não está visivelmente presente, fica difícil sentir que uma transação com Ele é verdadeira. Suponho que se de fato pudéssemos vê-lo presente conosco, quando fizemos nossos votos de consagração, sentiríamos que se trata de algo muito real e perceberíamos que lhe havíamos dado a nossa palavra, e que não ousaríamos fazê-la voltar atrás, independentemente de nossa vontade de fazê-lo.

Esta transação teria para nós a força coerciva que uma promessa feita a um amigo terreno sempre tem para um homem de honra. O que precisamos, portanto, é ver que a presença de Deus é sempre um fato e que cada ato de nossa alma se dá em sua presença. Uma palavra dita em oração é de fato tão real para Ele como se nossos olhos pudessem vê-lo e nossas mãos pudessem tocá-lo. Então, deixaremos de ter estas vagas concepções acerca de nossas relações com Ele e sentiremos a força coerciva de cada palavra que dizemos em sua presença.

Sei que alguns dirão: "Ah, sim; mas se Ele tão-somente falasse comigo e dissesse que me aceitou quando eu me entreguei, não teria nenhuma dificuldade para crer". É claro que você não teria, mas onde entraria a fé nesta questão? Fé não é ver, ouvir ou sentir. Fé é *é* crer quando não podemos ver, ouvir e sentir. E em todas as passagens sobre esse tema, a Bíblia diz que a nossa salvação é pela fé.

Portanto, devemos crer antes de sentir, e muitas vezes fazê-lo contra os nossos sentimentos, se quisermos honrar a Deus pela nossa fé. É sempre aquele que crê, e não o que duvida, que tem o testemunho. Mas como podemos duvidar uma vez que, ao ordenar que nos apresentássemos a Ele como um sacrifício vivo, Ele se comprometeu a receber-nos? Não posso conceber a ideia de um homem honrado pedir a outro que lhe dê algo que, no final, tem dúvida quanto a se deve receber. Muito menos posso conceber a ideia de um pai amoroso agindo desta forma com um filho querido.

"Dá-me, filho meu, o teu coração" é uma clara garantia para sabermos que, no momento em que o coração for dado, será aceito por Aquele que ordenou que fosse dado. Não só podemos, mas devemos ter a maior confiança de que quando nos rendemos ao Senhor, de acordo com o seu próprio mandamento, Ele de fato nos recebe e, a partir daquele momento, somos dele. Aconteceu uma verdadeira transação que não pode ser violada sem que haja desonra de nossa parte, e que sabemos que não será violada por Ele.

Em Deuteronômio 26.17-19, vemos o modo de agir de Deus sob estas circunstâncias:

> "Hoje, fizeste o Senhor declarar que te será por Deus, e que andarás nos seus caminhos, e guardarás os seus estatutos, e os seus mandamentos, e os seus juízos, e darás ouvidos à sua voz. E o Senhor, hoje, te fez dizer que lhe serás por povo seu próprio, como te disse, e que guardarás todos os seus mandamentos... e para que sejas povo santo ao Senhor, teu Deus, como tem dito."

Quando declaramos o Senhor como o nosso Deus e que andaremos em seus caminhos e guardaremos os seus mandamentos, Ele declara que somos dele e que *iremos* guardar todos os seus mandamentos. E, a partir desse momento, Ele se apropria de nós. Este sempre foi o seu princípio de ação, e continua a ser. "Toda coisa assim consagrada será santíssima ao Senhor" (Lv 27.28). Trata-se de algo tão claro para não haver dúvida.

Mas se a alma ainda sentir dúvida ou dificuldade, deixe-me mostrar-lhe uma declaração neotestamentária que trata do assunto sob uma perspectiva diferente, mas que o esclarece de um modo bastante definitivo. Ela está em 1João 5.14-15:

> "E esta é a confiança que temos para com ele: que, se pedirmos alguma coisa segundo a sua vontade, ele nos ouve. E, se sabemos que ele nos ouve quanto ao que lhe pedimos, estamos certos de que *obtemos* os pedidos que lhe temos feito."

É de sua vontade que você se renda inteiramente a Ele? Sem dúvida, há somente uma resposta para esta pergunta, pois Ele o *ordenou*. Não é também de sua vontade que Ele efetue em você tanto o querer como o realizar, segundo a sua boa vontade? Esta pergunta também só pode ter uma resposta, pois Ele declarou que este era o seu propósito. Você sabe, então, que estas coisas estão de acordo com a sua vontade.

DIFICULDADES ACERCA DA CONSAGRAÇÃO

Portanto, segundo a própria Palavra de Deus, você é obrigado a saber que Ele o ouve. E, sabendo disso, é forçado a ir mais adiante e estar certo de que você obtém os pedidos que lhe tem feito. Que você *obtém* – e não obterá ou poderá obter, mas tem agora em sua posse.

É assim que "obtemos promessas" pela fé. É assim que obtemos "acesso pela fé" à graça que nos foi dada em nosso Senhor Jesus Cristo. É assim, e somente assim, que sabemos que o nosso coração é "purificado pela fé" e estamos aptos para viver, permanecer e andar pela fé.

Desejo tornar este assunto tão claro e prático para que ninguém venha a ter qualquer outra dificuldade neste sentido. Por isso, repetirei novamente quais devem ser os atos de sua alma para que eu possa tirá-lo desta dificuldade acerca da consagração.

Suponho que você confiou no Senhor Jesus para receber o perdão de seus pecados e sabe alguma coisa sobre o que é pertencer à família de Deus e tornar-se herdeiro de Deus por meio da fé em Cristo. E agora você sente saltar de seu coração o desejo de se conformar à imagem de seu Senhor. Para isso, sabe que é preciso haver uma total entrega de sua parte a Ele para que possa operar em você todo o beneplácito de sua vontade; e você já tentou fazê-lo inúmeras vezes mas, até aqui, sem nenhum êxito visível. É neste sentido que desejo ajudá-lo.

O que você deve fazer agora é achegar-se mais uma vez a Deus, entregando todo o seu ser à sua vontade da maneira mais absoluta que julgar possível. Você deve pedir a Deus que lhe revele, por seu Espírito, alguma revolta oculta. Se Ele não revelar nada, então você deve crer que não há nada e que a entrega foi completa. Esta questão deve, então, ser considerada encerrada. Você se submeteu completamente ao Senhor e, de agora em diante, não pertence em nenhum sentido a si mesmo.

Você jamais deve dar ouvido a uma sugestão contrária. Se for tentado a se perguntar se realmente se entregou por completo, enfrente esta tentação com uma afirmação de que já o fez. Nem sequer discuta a questão. Rejeite qualquer ideia desta ordem no mesmo instante e com firmeza. Você já o pretendia, pretende agora e realmente já o fez. As suas emoções podem protestar contra a entrega, mas a sua vontade deve permanecer firme. É para o seu propósito que Deus olha, e não para os seus sentimentos em relação a esse propósito; e o seu propósito ou vontade é a única coisa em que você precisa prestar atenção.

Feita então a entrega para jamais ser questionada ou anulada, o próximo passo é crer que Deus aceitou aquilo que você entregou e reconhecer que isso é dele. Não que será dele em algum momento no futuro, mas agora. Ele começou a efetuar em você tanto o querer como o realizar, segundo a sua boa vontade. E é aqui que você deve descansar. Não há outra coisa que você possa fazer senão ser, de agora em diante, um filho obediente.

Você é do Senhor agora, está pronto e inteiramente em suas mãos e Ele se encarregou de cuidar de você, de controlá-lo e de moldá-lo. Ele irá, de acordo com a sua palavra, "[operar] em vós o que é agradável diante dele, por Jesus Cristo" (Hb 13.21). Mas você deve permanecer firme. Se começar a questionar a sua entrega, ou se Deus a aceitou, então a sua inconstante fé produzirá uma experiência irresoluta, e Ele não poderá efetuar em você o realizar de sua vontade. Mas enquanto você confia, Ele opera; e o resultado de sua obra sempre é transformá-lo na imagem de Cristo, de glória em glória, pelo seu poderoso Espírito.

Você, neste momento, está disposto a se entregar totalmente a Ele? A sua resposta deve ser *sim*. Então, meu querido amigo, comece agora a reconhecer que você é dele, que Ele o aceitou e que está efetuando em você tanto o querer como o realizar, segundo a sua boa vontade. E continue a reconhecer isso.

Você verá que será muito útil fazer este reconhecimento em palavras e dizer várias vezes para você e para Deus: "Senhor, eu sou teu; eu me rendo inteiramente a ti e creio que me aceitaste. Eu me entrego a ti. Opera em mim todo o beneplácito de tua vontade, e somente descansarei em tuas mãos e confiarei em ti".

Faça com que isso seja uma ação diária e definitiva de sua vontade e recorra a ela muitas vezes ao dia como sendo sua constante atitude diante do Senhor. Confesse-o aos seus amigos. Declare, contínua e firmemente, o Senhor como o seu Deus. Declare o seu propósito de andar em seus caminhos e guardar os seus estatutos. Mais cedo ou mais tarde você descobrirá em sua experiência prática que Ele o reconheceu como um dos que fazem parte de seu próprio povo. Então Ele irá capacitá-lo para que guarde todos os seus mandamentos e seja transformado em "povo santo ao SENHOR, teu Deus, como tem dito" (Dt 26.19).

Capítulo 6

DIFICULDADES ACERCA DA FÉ

O PRÓXIMO PASSO APÓS a consagração, no avanço da alma para sair do deserto de uma experiência cristã deficiente e entrar na terra que mana leite e mel, é o da fé. E aqui, como no primeiro passo, a alma se depara de imediato com certas dificuldades e empecilhos.

O filho de Deus, cujos olhos foram abertos para ver a plenitude que há em Jesus para ele, e cujo coração se fez faminto para se apropriar dessa plenitude, depara-se com a declaração de cada mestre a quem pergunta que esta plenitude só é recebida pela fé. Mas o tema da fé está envolto em um mistério tão impossível para a sua mente que essa declaração, em vez de lançar luz na entrada do caminho, só parece torná-lo mais difícil e complexo do que nunca.

"É claro que é pela fé, pois sei que tudo o que há na vida cristã é pela fé. Mas é exatamente isso que a torna tão difícil. Não tenho fé e não sei o que ela significa nem como alcançá-la", ele diz. E assim, frustrado logo no início com esta insuperável dificuldade, ele se lança nas trevas e quase se entrega ao desespero.

Este problema decorre do fato de que o tema da fé é, em geral, muito mal compreendido. Mas na realidade, a fé é a coisa mais simples e clara deste mundo, e também a mais fácil de ser exercida.

A sua ideia de fé, suponho eu, é algo assim. Você a considera, de certo modo, um exercício religioso da alma ou uma bela disposição interior do coração. Ou talvez uma coisa tangível que, ao ser alcançada, pode ser vista ou usada como um passaporte para obter o favor de Deus. Ou talvez ainda como uma moeda com a qual você pode comprar os seus dons. E você vem incessantemente pedindo fé em suas orações, esperando conseguir algo assim. E uma vez que nunca recebeu tal coisa, insiste em dizer que não tem fé.

Ora, a fé, de fato, não é nada disso. Ela não é tangível. É simplesmente crer em Deus e, assim como a visão, não é nada que esteja à parte de seu objeto. Do mesmo modo como você pode fechar os olhos e ver se tem visão, pode olhar para dentro de si mesmo para descobrir se tem fé. Se você vê algo, sabe que tem visão; se você crê em algo, sabe que tem fé. Assim como a visão consiste apenas em ver, a fé consiste apenas em crer. Da mesma maneira que a única coisa necessária acerca da visão é que você veja a coisa como ela é, a única coisa necessária acerca da fé é que você creia na coisa como ela é. A virtude não está no fato de você crer, mas naquilo em que você crê. Se você crê na verdade, está salvo; se você crê em uma mentira, está perdido. O ato de crer em ambos os casos é o mesmo; as coisas em que você crê são justamente opostas, e isso é o que faz a grande diferença. A sua salvação vem não porque a sua fé o salva, mas porque ela o une ao Salvador que salva; e o fato de você crer não é outra coisa senão o elo.

Então, eu peço a você que reconheça a extrema simplicidade da fé. Ela não é nada mais do que simplesmente crer quando Deus diz que fará algo por nós e, então, confiar que Ele cumprirá a sua palavra. É algo tão simples que se torna até difícil para explicar.

Se me perguntarem o que significa confiar a alguém uma parte de meu trabalho, só posso responder que significa entregá-lo a essa pessoa e deixá-lo em suas mãos sem ansiedade. Todos nós muitas vezes delegamos assuntos importantes a outras pessoas e sentimos plena paz em agirmos assim, por causa da confiança que depositamos nelas.

Com que frequência as mães confiam seus preciosos filhos aos cuidados de babás sem sentir nenhuma sombra de ansiedade? Quantas vezes confiamos a nossa saúde e a nossa vida, sem nenhum medo, a cozinheiros, motoristas, pilotos de avião e a toda sorte de funcionários remunerados que nos têm à sua mercê? Eles poderiam, se quisessem, ou se não tomassem o cuidado necessário, lançar-nos na miséria ou acabar com a nossa vida em questão de segundos. Tudo isso fazemos, e sem nenhuma resistência. Apesar do mínimo contato que temos com as pessoas, inúmeras vezes depositamos nelas a nossa confiança, exigindo apenas o conhecimento geral e as regras comuns do relacionamento humano como o alicerce de nossa confiança. E em nenhum momento nos sentimos como se estivéssemos fazendo algo fora do comum.

Você mesmo já fez isso, querido leitor, e o faz constantemente. Você não poderia viver entre os seus semelhantes e passar um único dia pela habitual rotina da vida se não fosse capaz de confiar no seu próximo. E em nenhum momento passa pela sua cabeça dizer que não pode fazê-lo. Mas, não obstante, você não hesita em sempre dizer que não pode confiar em seu Deus! E você se justifica alegando "ser uma pobre e fraca criatura" e "não ter fé".

Eu gostaria que você tentasse imaginar-se agindo em suas relações humanas da mesma forma como age em suas relações espirituais. Suponhamos que você tivesse de começar o dia de amanhã com a ideia de que não poderia confiar em ninguém, pois não tem fé. Quando você se sentasse para tomar o café da manhã, você diria: "Não posso comer nada que está nesta mesa, pois não tenho fé e não acredito que o cozinheiro não colocou veneno no café. Também não acredito que o açougueiro não mandou para minha casa carne estragada ou prejudicial à saúde"; e, assim, fosse embora morrendo de fome. Quando você saísse para fazer suas atividades diárias, diria: "Não posso andar de ônibus, pois não tenho fé e, portanto, não confio no motorista, nos construtores do veículo e nem nas pessoas que fazem a manutenção das ruas". Você seria forçado a andar a pé e ficaria terrivelmente cansado por causa deste tremendo esforço, além de não conseguir, de fato, chegar a todos os lugares nos quais poderia chegar de ônibus.

Quando seus amigos se aproximassem de você contando alguma coisa, ou aparecesse uma conta para pagar, você diria: "Sinto muito não poder acreditar em vocês. Não tenho fé e jamais poderei acreditar em alguém". Se você abrisse um jornal, seria obrigado a guardá-lo, dizendo: "Não acredito em nenhuma palavra que está escrita aqui, pois não tenho fé. Não acredito que haja alguém que atenda pelo título de rainha hoje, pois nunca a vi; tampouco creio que exista algum país chamado Irlanda, pois nunca estive lá. Não tenho fé e, por isso, não posso crer em nada que eu não tenha de fato sentido e tocado. Esta é uma grande provação, mas não posso evitá-la porque não tenho fé".

Imagine um dia assim e descubra como ele seria desastroso e como não passaria de uma total insensatez para qualquer pessoa que visse você durante ele. Veja como seus amigos se sentiriam ofendidos e como seus empregados se recusariam a lhe servir no dia seguinte. E, depois, pergunte para si mesmo se esta falta de fé no seu semelhante seria mais terrível e uma insensatez ainda maior do que quando você diz para Deus que não tem capacidade para confiar nele, nem para crer em sua Palavra; que esta é uma grande provação, mas que você não pode evitá-la, "porque não tem fé".

É possível confiar em seu semelhante e não confiar no seu Deus; receber o "testemunho dos homens" e não receber o "testemunho de Deus"; crer nas histórias do homem e não crer na história de Deus; submeter, sem temor, seus interesses terrenos mais estimados a pessoas fracas e falíveis e ter medo de submeter seus interesses espirituais ao Salvador que entregou a sua vida por você e declara que "pode salvar totalmente os que por Ele se chegam a Deus".

Com certeza você, cujo título de cristão que tem implica que pode crer, nunca mais terá coragem de se justificar usando o pretexto de que não tem fé. Ao dizer isso você quer dizer, sem dúvida, que não tem fé em Deus, uma vez que não se pede que tenha fé em si mesmo, pois, se assim fosse, ficaria em uma péssima condição espiritual. Peço-lhe então que, quando você pensar ou dizer estas coisas, sempre complete a frase e afirme: "Não tenho fé em – Deus! Não acredito em – Deus!", e estou certa de que isso logo será tão terrível que você não terá coragem de continuar.

Mas você pode dizer: "Não posso crer sem o Espírito Santo". Muito bem; você concluirá então que a sua falta de fé se deve ao fracasso do Espírito Santo em cumprir a sua obra? Se assim for, então certamente você não terá culpa e não precisará sentir nenhuma condenação; e serão inúteis todas as exortações para que você creia.

Mas não! Você não vê que, ao assumir a posição de que não tem fé e não pode crer, não somente está "fazendo de Deus um mentiroso", mas também mostrando uma total falta de confiança no Espírito Santo?

Pois Ele está sempre pronto para ajudar-nos em nossas fraquezas. Nunca precisamos esperar e sempre está esperando por nós. Tenho tanta confiança no Espírito Santo e em sua constante presteza para realizar a sua obra que ouso dizer que você *pode* crer agora, neste exato momento; e que se não crer, a culpa não é do Espírito, mas sua.

Junte sua vontade à sua fé. Diga: "Senhor, eu crerei, eu realmente creio", e continue a dizê-lo. Insista em crer diante de todo sinal de dúvida que venha a aparecer. Do meio de sua falta de fé, lance-se sem reservas na Palavra e nas promessas de Deus. Tenha ousadia para entregar-se ao poder de proteção e de salvação do Senhor Jesus. Se você já confiou algo precioso a um amigo terreno, eu lhe rogo que entregue a si mesmo e todos os seus interesses espirituais na mão de seu Amigo Celestial neste momento, e nunca, *nunca*, NUNCA deixe que a dúvida apareça novamente.

Lembre-se sempre de que há duas coisas que são mais incompatíveis do que água e óleo: a confiança e a preocupação. Você chamaria de confiança colocar algo nas mãos de um amigo para que ele o fizesse para você e então passar noites e dias ansioso e preocupado, pensando se o seu trabalho seria feito da maneira correta e com êxito? E você chamaria de confiança colocar a salvação e a proteção de sua alma nas mãos do Senhor se, dia após dia, e noite após noite, passasse horas pensando, ansioso, e questionando sobre a questão?

Quando um cristão realmente confia em alguma coisa, ele deixa de se preocupar com aquilo em que confiou. E quando ele se preocupa, isso é uma prova evidente de que não confia. Se submetida a este teste, quão pouca é a verdadeira fé que existe na Igreja de Cristo! Não é de admirar que o Senhor tenha feito a lamentável pergunta: "Quando vier o Filho do Homem, achará, porventura, fé na terra?".

Ele com certeza achará muitas obras, muito fervor e, sem dúvida, muitos corações consagrados; mas será que Ele achará fé, a única coisa que, para Ele, vale mais do que todas as demais? Todo filho de Deus, individualmente, saberá responder a esta pergunta. Se a resposta de alguns de vocês for um triste *não*, eu gostaria de lhes pedir que ela fosse dada pela última vez; e se vocês já experimentaram uma parte da fidelidade do nosso Senhor, que de agora em diante tenham por sinal que Ele é verdadeiro!

No início de minha vida cristã, quando um impulso terno e fiel dentro de mim me despertava para a profundidade de um apelo, eu o escrevia e juntava a um volume de sermões antigos que mostravam o quanto o Senhor Jesus era digno de confiança pela constância da fé nele. Todas as vezes que eu releio aquelas palavras inspiradoras, ocorre-me um súbito vislumbre do privilégio e da glória de ser chamada para andar em sendas tão escuras, em que a única coisa possível seria confiar plenamente em Deus!

Pode ser que até agora você não tenha passado por este caminho. Mas hoje você tem o privilégio de provar, como nunca antes, a sua leal confiança em Jesus, começando com Ele uma vida e uma caminhada de fé, vividas momento a momento com plena confiança nele, como a confiança de uma criança.

Você confiou a Deus algumas coisas, e Ele não lhe faltou. Confie tudo agora e veja se Ele não faz infinitamente mais do que tudo quanto poderia pedir ou até pensar, não de acordo com o seu poder ou capacidade, mas conforme o seu grande poder que opera em você todo o beneplácito de sua bendita vontade.

Você descobrirá que não é difícil confiar o governo do universo e de toda a criação externa ao Senhor. Será que o seu caso é muito mais complexo e difícil do que essas coisas a ponto de você precisar ficar ansioso ou angustiado em relação ao governo de Deus sobre a sua vida? Que estas dúvidas se afastem para longe!

Firme-se no poder e na fidelidade do seu Deus, e veja a rapidez com que todas as dificuldades desaparecerão diante de uma firme determinação de crer. Confie em meio às trevas, confie na luz, confie à noite e confie pela manhã. Você verá que a fé, que pode começar talvez exigindo um grande esforço da sua parte, acabará mais cedo ou mais tarde tornando-se um hábito fácil e natural da alma. É uma lei da vida espiritual que cada ato de confiança faça com que o próximo ato seja menos difícil até que, finalmente, se eles prevalecerem, a confiança passe a ser, como o respirar, a inconsciente ação natural da alma remida.

Você deve, portanto, aliar sua vontade à sua fé. A sua fé não deve ser uma imbecilidade passiva, mas uma energia ativa. Talvez ela tenha de se colocar contra tudo o que é aparente, mas não importa. Seja firme ao dizer: "Eu crerei, e sei que não serei envergonhado". Nós nos tornamos "participantes de Cristo, se, de fato, guardarmos firme, até ao fim, a confiança que, desde o princípio, tivemos".

Inúmeras pessoas falham exatamente aqui. Elas têm um pouco de fé no começo, mas surgem os desalentos, as "circunstâncias" se voltam contra tudo, as dúvidas falam cada vez mais alto e, por fim, acabam cedendo. E inevitavelmente a confiança sempre sai pela janela quando a dúvida entra pela porta.

É-nos dito que todas as coisas são possíveis para Deus e que todas as coisas também são possíveis para aquele que crê. A fé, no passado, "[subjugou] reinos, [praticou] a justiça, [obteve] promessas, [fechou] a boca de leões, [extinguiu] a violência do fogo, [escapou] ao fio da espada, da fraqueza [tirou] força, [fez-se poderosa] em guerra, [pôs] em fuga exércitos de estrangeiros". E a fé pode fazer tudo isso novamente, pois o nosso próprio Senhor diz-nos: "Se tiverdes fé como um grão de mostarda, direis a este monte: Passa daqui para acolá, e ele passará. Nada vos será impossível".

Se você é um filho de Deus, deve ter pelo menos a fé do tamanho de um grão de mostarda. Assim, é inadimissível que tenha a ousadia de dizer novamente que não confia porque não tem fé. Em vez disso, diga: "Posso confiar no meu Senhor e confiarei nele; e nenhuma potestade da terra ou do inferno poderá me fazer duvidar do meu maravilhoso, glorioso e fiel Redentor!".

> A fé é a forma mais doce de adoração Àquele que tanto ama
> Ocultar sua ofuscante magnificência nas trevas.
> Confiar em tua Palavra, meu amado Senhor, consiste no verdadeiro amor,
> Pois as orações que mais parecem negadas são as mais atendidas.
>
> A fé lança seus braços em torno de todos a quem tu reportas e que,
> Capazes de sustentar muito mais, não fazem outra coisa senão sofrer.
> A fé pode conter o teu grandioso ser, Senhor, se tu o revelares,
> E o amor faz desejar ter mais fé para crer.

Que a vossa fé, então, "lance os seus braços em torno de tudo o que Deus vos falou". E que em cada hora escura, ela se lembre que "embora por um instante, se necessário for, estejais sob a opressão de várias tentações", é como se estivésseis a atravessar um túnel. O sol não deixou de brilhar porque o viajante ao atravessar o túnel deixou de vê-lo. E o Sol da justiça ainda está brilhando, embora você, em seu túnel escuro, não possa vê-lo.

Tenha paciência, confie e espere. Este tempo de escuridão só é permitido para que "uma vez confirmado o valor da vossa fé, muito mais preciosa do que o ouro perecível, mesmo apurado por fogo, redunde em louvor, glória e honra na revelação de Jesus Cristo".

Capítulo 7

DIFICULDADES ACERCA DA VONTADE

Quando o filho de Deus, por meio de um total abandono e plena confiança, sai de si mesmo, entra em Cristo e começa a conhecer parte do que é a bem-aventurança da vida escondida com Cristo em Deus, pode surgir uma dificuldade em seu caminho. Depois que as primeiras sensações de paz e descanso de certa forma abrandam, ou, como às vezes acontece, parecem que nunca existiram, o cristão começa a sentir uma irrealidade tão absoluta nas coisas pelas quais passou que começa a se ver como um hipócrita quando diz, ou até pensa, que elas são verdadeiras. Ao que lhe parece, a sua crença não vai além da superfície; não passa de uma crença que se dá da boca para fora e não tem nenhum valor. Ele começa a pensar que a sua entrega não foi sincera e, por isso, não pode ser aceita por Deus. Ele tem medo de dizer que é totalmente do Senhor porque pensa que estará dizendo uma mentira. E, não obstante, não pode dizer o contrário porque esta entrega é o que muito deseja. A dificuldade realmente existe e muito desalenta.

Mas não há nada aqui que não seja muito facilmente vencido quando o cristão compreende de uma vez por todas os princípios da nova vida e aprende a vivê-la. É consenso que esta vida escondida com Cristo em Deus deve ser vivida nas emoções. Consequentemente, toda a atenção da alma se volta para elas e, uma vez que satisfazem, a alma descansa; do contrário, a alma se inquieta.

Ora, a verdade é que esta vida não deve ser vivida nas emoções, mas na vontade. E, assim, se tão-somente a vontade permanecer firme no seu centro, a vontade de Deus, os diversos estados da emoção não irão perturbar ou afetar a realidade da vida.

Para deixar isso claro, devo estender-me um pouco. Fenelon diz que "a religião pura reside tão-somente na vontade". Ele quer dizer que, uma vez que a vontade é a força que rege a natureza do homem, se for corrigida, todo o restante da natureza entrará em harmonia. Ao usar o termo "vontade" não estou me referindo ao desejo do homem, nem ao seu propósito, mas à escolha deliberada, o poder de decisão, o rei, a quem tudo o que está no homem deve prestar obediência. É o homem, em suma, o "ego", aquilo que sentimos ser nós mesmos.

Imagina-se às vezes que as emoções são a força que governa a nossa natureza. Mas penso que todos sabemos, por experiência própria, que há algo dentro de nós por trás de nossas emoções e desejos, um ser independente que, afinal, decide tudo e controla tudo. As nossas emoções nos pertencem e somos nós que as sofremos e desfrutamos, mas elas não se resumem em nós mesmos. Se Deus quiser apoderar-se de nós, é preciso que entre nesta vontade ou personalidade central. Se, então, Ele estiver reinando ali pelo poder de seu Espírito, todo o restante de nossa natureza ficará sujeita a seu domínio; e o homem é aquilo que dita a sua vontade.

A relação prática desta verdade sobre a dificuldade que estou considerando é muito grande. Ora, as decisões de nossa vontade muitas vezes são tão diretamente contrárias às decisões de nossas emoções que, se tivermos o hábito de considerar as nossas emoções como um teste, estaremos bastante

DIFICULDADES ACERCA DA VONTADE

inclinados a sentir-nos hipócritas quando declaramos que estas coisas que tão-somente a nossa vontade decidiu são reais. Entretanto, no momento em que virmos que é a vontade que impera, desprezaremos totalmente qualquer coisa que se levante contra ela e sustentaremos como sendo reais as suas decisões, por mais que as emoções se rebelem.

Estou ciente de que é difícil lidar com este assunto; contudo, é tão prático em relação a vida de fé que eu lhe peço para não desistir dele a menos que o tenha dominado.

Talvez uma ilustração possa ajudá-lo. Um jovem muito inteligente, ao tentar entrar nesta nova vida, desanimou-se por completo ao se ver escravo de um inveterado hábito de duvidar. Para as suas emoções nada parecia verdadeiro, nada parecia real. E quanto mais ele lutava, mais irreal tudo ficava. Foi-lhe contado este segredo acerca da vontade: se ele tão-somente aliasse a vontade à sua fé, se optasse por crer, em suma, se dissesse neste ego de sua natureza: "Eu crerei! Eu creio!", não teria de se preocupar com as suas emoções, pois elas se veriam forçadas, mais cedo ou mais tarde, a entrar em harmonia. "Quê!", disse ele, "você quer dizer que eu posso *optar por* crer desta forma descarada, quando nada me parece verdadeiro? E este tipo de fé é real?" "Sim, é real", foi a resposta. "Fenelon diz que a verdadeira religião reside tão-somente na vontade. Ele quer dizer que, uma vez que a vontade do homem é de fato o seu eu, sem dúvida o que a sua vontade fizer, ele o fará. Cabe a você, então, simplesmente colocar a sua vontade nesta questão da fé do lado de Deus, decidindo crer no que diz, porque Ele o diz, e não prestar atenção nos sentimentos que a fazem parecer tão irreal. Deus não deixará de responder a tal fé, mais cedo ou mais tarde, com a sua revelação."

O jovem hesitou por um instante e, então, com a expressão séria, disse: "Entendo e farei o que você diz. Não posso controlar as minhas emoções, mas posso controlar a minha vontade. E a nova vida começa a parecer possível para mim, se for somente a minha vontade que precisa ser corrigida. Posso entregar a minha vontade a Deus, não posso?".

Daquele momento em diante, desprezando todos os gritos lamentáveis de suas emoções que sempre o acusavam de ser um miserável hipócrita, este jovem manteve-se firme na decisão, respondendo a toda acusação com a persistente afirmação de que havia escolhido crer, pretendido crer e de fato crer. Ao final de alguns dias, ele se viu vitorioso, com todas as suas emoções e pensamentos levados cativos ao poder do Espírito de Deus, que havia se apoderado daquela vontade, assim colocada em suas mãos. Ele manteve firme sua *profissão* de fé sem vacilar, embora lhe parecesse que, à verdadeira fé propriamente dita, ele não se mantinha firme.

Às vezes, toda a sua força de vontade de dizer que cria parava em seus lábios, tão contrária era ela a toda a evidência de seus sentidos ou de suas emoções. Contudo, ele havia entendido a ideia de que a sua vontade era, afinal, ele mesmo, e que se a mantivesse do lado de Deus, estaria fazendo tudo o que estava ao seu alcance e que somente Deus poderia mudar as suas emoções ou controlar o seu ser. Consequentemente, uma das maiores vidas cristãs que conheço surgiu, em sua maravilhosa simplicidade, retidão e poder sobre o pecado.

O segredo está aqui – que a nossa vontade, que é a fonte de todas as nossas ações, esteve no passado sob o domínio do pecado e do eu, que efetuaram em nós todo o seu beneplácito. Mas agora Deus nos chama para que lhe submetamos as nossas vontades, para que possa assumir o controle delas e efetuar em nós tanto o querer como o realizar, segundo a sua boa vontade. Se atendermos a este chamado e nos apresentarmos como um sacrifício vivo, Ele se apoderará da vontade que lhe entregamos e começará no mesmo instante a operar em nós "o que é agradável diante dele, por Jesus Cristo", dando-nos a mente que era de Cristo e nos transformando à sua imagem (veja Rm 12.1-2).

Vejamos outra ilustração. Uma senhora que havia entrado nesta vida escondida com Cristo se viu diante de uma grande provação já esperada. Toda emoção que tinha no seu íntimo levantou-se em rebelião contra essa prova-

DIFICULDADES ACERCA DA VONTADE

ção; e tivesse ela considerado que quem deveria dominá-la eram as suas emoções, se veria em total desespero. Mas ela havia descoberto este segredo da vontade e, sabendo muito bem disso, realmente optou pela vontade de Deus como sua porção. Não deu a menor atenção para suas emoções mas continuou a encarar todo pensamento acerca da provação com as seguintes palavras, repetidas várias vezes: "Faça-se a tua vontade! Faça-se a tua vontade!". Ela declarava diante de todos os seus sentimentos de rebeldia que havia submetido a sua vontade a Deus e havia escolhido que a vontade dele seria – e era – o seu prazer. O resultado foi que, em um espaço de tempo incrivelmente curto, todo pensamento foi levado cativo e ela começou a ver suas emoções se alegrando na vontade de Deus.

Outra ilustração é a de uma senhora que tinha um pecado que a afligia constantemente. Em suas emoções, tinha um profundo amor, mas em sua vontade, ela odiava. Acreditando estar necessariamente sob o controle de suas emoções, admitiu que era incapaz de vencê-lo, a menos que as suas emoções, em primeiro lugar, mudassem. Mas ela descobriu este segredo acerca da vontade e, entrando em seu quarto, disse: "Senhor, tu vês que com as minhas emoções eu amo este pecado, mas no meu eu verdadeiro eu o odeio. Até agora as minhas emoções me têm dominado, mas coloco a minha vontade em tuas mãos para que tu operes nela. Nunca mais, em minha vontade, eu me deixarei submeter a este pecado. Apodera-te de minha vontade e efetua em mim o querer e o realizar segundo a tua boa vontade".

No mesmo instante ela começou a encontrar libertação. O Senhor começou a operar para que a sua vontade passasse a dominar as emoções, não pelo poder de um mandamento externo, mas pelo poder interior do Espírito de Deus, "operando [nela] o que [era] agradável diante dele".

E agora, querido cristão, deixe-me mostrar-lhe como aplicar este princípio em suas dificuldades. Deixe de considerar as suas emoções, pois elas não passam de servas. Considere simplesmente a sua vontade, que é o que realmente impera no seu ser. Ela foi entregue a Deus? Foi colocada em suas mãos?

A sua vontade decidirá crer? A sua vontade escolherá obedecer? Se assim for, então *você* está nas mãos do Senhor, decide crer e escolhe obedecer, pois a sua vontade é você mesmo. E assunto encerrado. A transação com Deus é real quando somente a sua vontade agir, quanto o lugar onde cada emoção coincide. Isso não parece tão real para você, mas, aos olhos de Deus, é muito real.

Quando você descobrir este segredo e perceber que não precisa atentar para as suas emoções, mas simplesmente para o estado de sua vontade, todos os mandamentos bíblicos que dizem que você deve se submeter a Deus, apresentar-se como um sacrifício vivo, permanecer em Cristo, andar na luz e morrer para o eu, passarão a ser possíveis. Você estará ciente de que em todos eles a sua vontade pode agir e tomar o partido de Deus. Se competisse às suas emoções fazer isso, você, sabendo que elas seriam totalmente incontroláveis, mergulharia em total desespero.

Quando este sentimento de irrealidade ou hipocrisia surgir, não se preocupe. Ele só está nas suas emoções e não merece ser considerado nem por um instante. Apenas veja que a sua vontade está nas mãos de Deus, o seu eu interior entregue ao seu agir, a sua decisão ao lado dele; e deixe tudo ali. Quando as suas oscilantes emoções, como um navio preso à ancora a balançar, que aos poucos se rende ao firme puxão do cabo, se virem presas ao grande poder de Deus pela escolha de sua vontade, devem inevitavelmente ser levadas cativas e render-lhe obediência. E você, mais cedo ou mais tarde, verá a verdade do que foi dito: "Se alguém quiser fazer a vontade dele, conhecerá a respeito da doutrina".

A vontade é como uma mãe sábia; os sentimentos são como um grupo de crianças gritando e chorando. A mãe decide seguir um determinado curso de ação que, a seu ver, é o certo e o melhor. As crianças protestam e declaram que ela não deve agir assim. Mas a mãe, sabendo que é a dona da casa, segue o seu curso com amor e calma, a despeito de toda a gritaria. Consequentemente as crianças serão mais cedo ou mais tarde convencidas a

DIFICULDADES ACERCA DA VONTADE

seguir o curso de ação da mãe, aceitarão as suas decisões e tudo voltará a ficar harmonioso e alegre. Mas se essa mãe aceitasse a ideia de que as crianças devem dominar, e não ela, a confusão imperaria desenfreadamente. E em quantas almas neste exato momento não há outra coisa senão confusão, simplesmente porque são os sentimentos, e não a vontade, que governam?

Lembre-se, então, que o suprassumo de sua experiência é o que a sua vontade decide, e não o veredicto de suas emoções. Você corre um risco maior de cair na hipocrisia e na mentira ao submeter-se às afirmações de seus sentimentos do que de manter-se firme na decisão de sua vontade. Se a sua vontade estiver do lado de Deus, você não será hipócrita ao reivindicar para si a bendita realidade de pertencer totalmente a Ele, ainda que todas as suas emoções declarem o contrário.

Estou convencida de que em toda a Bíblia as expressões acerca do "coração" não significam as emoções que agora entendemos pela palavra "coração", mas significam a vontade, a personalidade, o eu central do homem. O objetivo do relacionamento de Deus com o homem é que este "eu" seja submisso a Ele, e esta vida central entregue ao seu total controle. Não são os sentimentos do homem que Deus quer, mas o próprio homem.

Contudo, não cometamos um erro aqui. Eu digo que devemos "abrir mão de" nossas vontades, mas não quero dizer que não devemos tê-las. Não devemos abrir mão de nossas vontades a ponto de sermos como criaturas débeis e inertes, que não têm nenhuma vontade. Devemos simplesmente substituir as nossas vontades insensatas e mal orientadas de ignorância e imaturidade pela maturidade sublime de Deus. Se dermos ênfase à palavra "nossas", entenderemos melhor a questão. A vontade da qual devemos abrir mão é a que está um tanto afastada da vontade de Deus, e não a que está de acordo com a vontade dele, pois quando a nossa vontade está em harmonia com a vontade de Deus, quando ela tem o selo de união com Ele, cometeríamos um erro se abríssemos mão dela.

Exige-se da criança que desista da vontade mal orientada que lhe pertence *como criança*, e não podemos deixá-la dizer "Eu irei" ou "Eu não irei"; mas quando a sua vontade está de acordo com a nossa, nós queremos que ela diga "Eu irei" ou "Eu não irei" com toda a força que puder.

Quando Deus estiver "efetuando em nós o querer", devemos ser firmes no cumprimento desta vontade e responder com um enfático "Eu irei" a cada "Tu irás" que Ele ordenar. Pois Deus só pode cumprir a sua vontade para nós quando deixamos e estivermos sintonizados com Ele.

Você já o permitiu, querido leitor, e está firme no sentido de desejar o que Deus deseja? Ele deseja que você se submeta inteiramente e confie totalmente nele. Você tem a mesma vontade dele?

Mais uma vez repito que tudo está na vontade. Já vimos que Fenelon diz que "A vontade de amar a Deus é no que consiste toda a religião". Se, portanto, você já deu os passos de entrega e fé em sua vontade, é seu direito crer agora mesmo, por mais que os seus sentimentos protestem que você *seja* totalmente do Senhor e que Ele *começou* a efetuar "tanto o querer como o realizar, segundo a sua boa vontade".

Há alguns anos, depois que este capítulo foi escrito, a seguinte ilustração prática e notável de seu ensino me foi entregue pelo pastor Theodore Mond, de Paris. Trata-se da experiência de um ministro presbiteriano que este pastor guardou com cuidado por muitos anos:

Newburgh, 26 de setembro de 1842

Prezado irmão,
Reservo alguns momentos deste tempo que consagrei ao Senhor para escrever uma breve carta para você, seu servo. É doce sentir que somos totalmente do Senhor, que Ele nos recebeu e nos cha-

mou de seus filhos. Religião é isso, uma renúncia do princípio de que somos de nós mesmos e o pleno reconhecimento do constante sentimento de que "já não sou mais meu, pois fui comprado por um preço".

Desde a última vez que o vi, venho prosseguindo e, não obstante, não há nada de notável em minha experiência de que eu possa falar. Na realidade, sei que o melhor não é procurar coisas notáveis, mas esforçar-se para ser santo, como Deus é santo, prosseguindo para o alvo do prêmio.

Não me sinto capacitado para instruí-lo: só posso lhe contar de que modo fui guiado. O Senhor trata cada alma de maneira diferente, e não devemos tentar imitar a experiência dos outros. Contudo, há certas coisas para as quais deve atentar todo aquele que está procurando um coração puro.

É preciso que haja uma consagração pessoal de tudo a Deus; uma aliança feita com Deus de que seremos dele totalmente e para sempre. Fiz isso intelectualmente, sem nenhuma mudança em meus sentimentos, com um coração cheio de dureza, escuridão, descrença, pecado e insensibilidade.

Firmei a aliança de ser do Senhor e deitei tudo sobre o altar, como um sacrifício vivo, com toda a minha capacidade. E depois que me ergui de meus joelhos, percebi que não havia nenhuma mudança em meus sentimentos. Eu, dolorosamente, estava ciente de que não havia nenhuma mudança. Mas, não obstante, eu estava certo de que havia feito, com toda a sinceridade e honestidade de propósito de que eu era capaz, uma total e eterna consagração de meu ser a Deus. Não considerei então a obra como feita de qualquer maneira, mas assumi o compromisso de permanecer em um estado de total devoção a Deus, como um sacrifício vivo e eterno. E agora surgem as forças para fazê-lo.

Eu sabia também que devia crer que Deus me aceitou e que de fato veio morar em meu coração. Eu estava ciente de que não cria nisso e, não obstante, desejei fazê-lo. Li, com muita oração, a primeira epístola de João e me esforcei para assegurar ao meu coração o amor de Deus por mim individualmente.

Eu estava ciente de que o meu coração estava cheio de maldade. Eu parecia não ter força para vencer o orgulho ou afastar os maus pensamentos que eu abominava. Mas Cristo manifestou-se a fim de destruir as obras do Diabo, e ficou claro que o pecado do meu coração era obra do Diabo. Pude, portanto, crer que Deus estava efetuando *em* mim o querer e o realizar, enquanto eu estava desenvolvendo a minha salvação com temor e tremor.

Convenci-me da incredulidade, que ela fazia do Deus fiel um mentiroso. O Senhor trouxe à minha presença os pecados que constantemente me afligiam e que tinham domínio sobre mim, principalmente o de pregar-me a mim mesmo, e não Cristo, e o de entregar-me a pensamentos autocomplacentes após a pregação. Eu era incapaz de me sentir indigno de qualquer reputação e de procurar a honra que só vem de Deus. Satanás pelejava duramente para derrubar-me da Rocha que é Cristo. Mas, graças a Deus, descobri o meio de viver o momento e, então, encontrei descanso.

Eu me sentia preso a uma dependência passageira da graça de Cristo. Eu não podia permitir que o adversário me afligisse acerca do passado ou do futuro, pois eu buscava a provisão para aquele momento. Aceitei o fato de que seria um filho de Abraão e que andaria pela fé na Palavra de Deus, e não por sentimentos e emoções interiores; que eu procuraria ser um cristão de acordo com a Bíblia.

Desde aquele momento, o Senhor me tem dado constante vitória sobre os pecados que antes me escravizavam. Tenho prazer no Senhor e em sua Palavra. Tenho prazer em minha obra como ministro. Minha comunhão é com o Pai e com o seu Filho Jesus Cristo. Sou uma criança em Cristo e tenho consciência que meu avanço tem sido pequeno quando comparado com o de muitos. Meus sentimentos variam, mas quando tenho sentimentos, louvo a Deus e confio em sua Palavra. E quando estou vazio e meus sentimentos se foram, faço o mesmo. Comprometi-me a andar pela fé, e não pelos sentimentos.

O Senhor, penso eu, está começando a avivar a sua obra entre o meu povo. "Louvado seja o Senhor!" Que o Senhor encha você de toda a sua plenitude e lhe dê a mente de Cristo. Seja fiel! Ande na presença de Deus e seja perfeito. Pregue a Palavra. Inste, quer seja oportuno, quer não. O Senhor o ama. Ele trabalha com você. Descanse a sua alma nesta promessa: "Eis que estou convosco todos os dias até à consumação do século".

Seu companheiro de lutas,
WILLIAM HILL

Capítulo 8

DIFICULDADES ACERCA DA DIREÇÃO

Você agora começou a vida de fé. Você se entregou ao Senhor para ser total e completamente dele e está totalmente em suas mãos para ser moldado e transformado, segundo o seu propósito divino, em um vaso para a sua honra. Seu único desejo sincero é segui-lo para onde quer que o conduza e ser bastante flexível em suas mãos. E nele você está confiando para "[efetuar] em vós tanto o querer como o realizar, segundo a sua boa vontade". Mas aqui você se vê diante de uma grande dificuldade: não aprendeu ainda a reconhecer a voz do Bom Pastor e, portanto, está bastante indeciso quanto ao que realmente é a vontade de Deus para você.

Talvez haja certos caminhos que seus amigos desaprovam para os quais Deus parece chamá-lo. E pode ser que esses amigos estejam há mais tempo do que você na vida cristã e lhe pareçam também estar muito mais adiantados. Você dificilmente suportará discordar deles ou angustiá-los, e também não terá muita confiança de se submeter a quaisquer impressões aparentes de obrigação, as quais eles não aprovam. E, não obstante, você não consegue se livrar dessas impressões e se vê, consequentemente, imerso em uma terrível dúvida e desconforto.

A alma totalmente rendida tem como sair de todas estas dificuldades. Repito, *totalmente* rendida, porque se houver alguma reserva, fica quase impossível descobrir a intenção de Deus em relação a esse ponto. Portanto, a primeira coisa é ter certeza de que você realmente *tem intenção* de obedecer ao Senhor em todos os sentidos. Se, no entanto, este for o seu propósito e a sua alma só precisar conhecer a vontade de Deus para aprová-la, então você certamente não poderá duvidar da disposição de Deus em tornar conhecida a sua vontade e em guiá-lo nos caminhos certos.

Há muitas promessas bastante claras neste sentido. Consideremos, por exemplo, João 10.3-4: "Ele chama pelo nome as suas próprias ovelhas e as conduz para fora. Depois de fazer sair todas as que lhe pertencem, vai adiante delas, e elas o seguem, porque lhe reconhecem a voz". E João 14.26: "Mas o Consolador, o Espírito Santo, a quem o Pai enviará em meu nome, esse vos ensinará todas as coisas e vos fará lembrar de tudo o que vos tenho dito". E também Tiago 1.5-6: "Se, porém, algum de vós necessita de sabedoria, peça-a a Deus, que a todos dá liberalmente e nada lhes impropera; e ser-lhe-á concedida. Peça-a, porém, com fé, em nada duvidando; pois o que duvida é semelhante à onda do mar, impelida e agitada pelo vento".

Com declarações como estas, e muitas outras semelhantes, devemos crer que a direção divina nos está prometida, e a nossa fé deve, portanto, procurá-la e esperá-la com confiança. Isso é essencial, pois em Tiago 1.6-7 lemos: "Peça-a, porém, com fé, em nada duvidando; pois o que duvida é semelhante à onda do mar, impelida e agitada pelo vento. Não suponha esse homem que alcançará do Senhor alguma coisa".

Em primeiro lugar, dê este assunto por encerrado e não deixe que nenhum sinal de dúvida o afaste de uma fé firme de que a direção de Deus foi prometida e de que, se a procurar, certamente irá recebê-la.

Em seguida, você deve se lembrar de que o nosso Deus tem todo o conhecimento e toda a sabedoria. Portanto, é bem possível que o conduza a caminhos em que *Ele* sabe que grandes bênçãos estão à sua espera, mas que, para

DIFICULDADES ACERCA DA DIREÇÃO

os olhos míopes e humanos que estão à sua volta, parecem claramente resultar em confusão e perda. Você deve reconhecer o fato de que os pensamentos de Deus não são os pensamentos do homem, nem seus caminhos os caminhos do homem. Somente Ele, que conhece o fim das coisas desde o princípio, pode julgar quais poderão ser os resultados de qualquer curso de ação.

Você deve, portanto, perceber que o amor de Deus por você talvez o leve a ir de encontro aos desejos amorosos até mesmo de seus amigos mais queridos. Deve aprender em Lucas 14.26-33 e em passagens similares, que ser um discípulo e seguidor do Senhor talvez o leve a ser chamado a abandonar interiormente tudo o que você tem, inclusive pai, mãe, irmão, irmã, marido, esposa, ou talvez a sua própria vida. A menos que a possibilidade disso seja claramente reconhecida, é muito provável que você tenha dificuldade, pois muitas vezes o filho de Deus que entra nesta vida de obediência é levado a caminhos que se deparam com a desaprovação daqueles que ele mais ama. A menos que esteja preparado e confie que o Senhor irá ajudá-lo a atravessar tudo isso, você dificilmente saberá o que fazer.

Entretanto, uma vez encerrados todos estes pontos, passamos agora para a questão que discute como a direção de Deus chega até nós e como poderemos reconhecer a sua voz. Há quatro formas pelas quais Ele nos revela a sua vontade – pelas Escrituras, pelas circunstâncias, pelas convicções de nosso mais alto julgamento e pelas impressões interiores do Espírito Santo em nossa mente. Quando essas quatro formas se harmonizam, convém dizer que Deus fala pois, sem dúvida, a sua voz sempre estará em harmonia consigo mesma, independentemente das diversas formas pelas quais Ele pode falar. As vozes talvez sejam muitas, mas a mensagem só pode ser uma. Se Deus me pede com uma voz para fazer ou deixar de fazer alguma coisa, não pode me pedir o contrário com outra. Se houver uma contradição nas vozes, os que falam não podem ser a mesma pessoa. Portanto, minha regra para distinguir a voz de Deus é testá-la de acordo com esta harmonia.

As Escrituras vêm em primeiro lugar. Se tiver dúvida sobre algum assunto, você deve, em primeiro lugar, examinar o que a Bíblia diz a respeito e ver se há ali alguma lei que sirva para orientá-lo. Até que tenha encontrado e obedecido à vontade de Deus como está revelada nela, você não deve pedir nem esperar uma revelação à parte, direta e pessoal. Muitos erros fatais são cometidos na questão da direção porque esta simples regra é negligenciada. Uma vez que o nosso Pai deixou escrita para nós uma direção clara sobre uma determinada coisa, Ele sem dúvida não nos fará uma revelação especial neste sentido.

Se não examinarmos e obedecermos à regra das Escrituras, e em vez disso procurarmos uma voz interior, estaremos expostos a desilusões, e quase inevitavelmente cairemos no erro. Ninguém, por exemplo, precisa ou pode esperar qualquer revelação direta e pessoal que lhe diga para não furtar, pois Deus já declarou claramente nas Escrituras a sua vontade em relação ao furto. Isso parece tão óbvio que eu nem deveria tocar no assunto, mas frequentemente me deparo com cristãos que negligenciam completamente a questão e que, consequentemente, partem para o fanatismo.

Conheci uma cristã fervorosa que tinha tão gravada em sua mente a frase "tudo é seu" no tocante ao dinheiro de um amigo que, a seu ver, este era um mandamento direto de que deveria furtar aquele dinheiro. Depois de uma grande luta, ela obedeceu àquilo que lhe parecia uma direção, sofrendo depois as consequências mais terríveis. Se ela tivesse submetido a sua "direção" ao ensino claro das Escrituras no que diz respeito ao furto, teria sido poupada.

É verdade que a Bíblia nem sempre aponta uma regra para cada curso de ação específico. Nestes casos, precisamos e devemos esperar a direção de outras formas. Mas as Escrituras são muito mais explícitas, até nos detalhes, do que a maioria das pessoas imagina, e não há muitas questões importantes na vida para as quais não se possa encontrar uma direção clara no livro de Deus. Consideremos a questão das roupas e teremos os textos de 1Pedro 3.3-

DIFICULDADES ACERCA DA DIREÇÃO

4 e 1Timóteo 2.9. Consideremos a questão das conversas e teremos o texto de Efésios 4.29. Consideremos a questão de vingar-nos das ofensas e defender os nossos direitos, e teremos os textos de Romanos 12.19-21, Mateus 5.38-48 e 1Pedro 2.19-21. Consideremos a questão do perdão mútuo e teremos os textos de Efésios 4.32 e Marcos 11.25-26. Consideremos a questão da conformidade com o mundo e teremos os textos de Romanos 12.2; 1João 2.15-17 e Tiago 4.4. Consideremos a questão de todo tipo de ansiedade e teremos os textos de Mateus 6.25-34 e Filipenses 4.6-7.

Eu cito esses exemplos para mostrar o quanto a direção da Bíblia é completa e prática. Se, portanto, você se vir perplexo, examine em primeiro lugar a Bíblia e veja se ela trata do ponto em questão. Peça então a Deus para deixá-lo claro para você, pelo poder de seu Espírito e pelas Escrituras, o que está em sua mente. E tudo o que lhe parecer claramente ensinado ali, você deve obedecer. Nenhuma direção especial será dada sobre um ponto no qual as Escrituras são explícitas, nem alguma direção pode ser contrária às Escrituras.

No entanto, é essencial, nesta conexão, lembrar que a Bíblia é um livro de princípios, e não um livro de aforismos incoerentes. Textos descontextualizados muitas vezes podem sancionar coisas às quais os princípios das Escrituras são totalmente contrários. Creio que é assim que surge todo fanatismo. Um texto isolado fica tão gravado na mente que o fato de lhe obedecer parece tornar-se uma necessidade, independentemente dos erros aos quais ele possa levar. E assim os princípios das Escrituras são violados, sob o pretexto de obediência às Escrituras. Em Lucas 4 o inimigo é representado como alguém que usa textos isolados para endossar suas tentações, enquanto Cristo o rebate enunciando princípios.

Se, no entanto, ao examinar a Bíblia você não achar algum princípio que sane sua dificuldade específica, deve procurar direção nas outras formas mencionadas. Deus certamente falará com você, seja por uma convicção de seu julgamento, por circunstâncias providenciais ou por uma clara impressão interior. Em toda direção que é verdadeira, estas quatro vozes, como eu disse anteriormente, irão necessariamente se harmonizar, pois Deus não pode dizer com uma voz aquilo que Ele contradiz com outra. Portanto, se você tiver uma impressão de obrigação, deve ver se ela está de acordo com as Escrituras, se é recomendada ao seu mais alto julgamento e também se "a porta se abre" para que ela se cumpra. Se algum destes testes falhar, não convém prosseguir. Você deve esperar com calma confiança até que o Senhor lhe mostre o ponto de harmonia que certamente irá querer, mais cedo ou mais tarde, caso seja a sua voz que esteja falando.

Qualquer coisa que fugir a esta harmonia divina deve ser rejeitada como algo que não provém de Deus, pois nunca devemos esquecer que as "impressões" podem vir de outras fontes, bem como do Espírito Santo. A personalidade forte daqueles que nos cercam é a fonte de muitas de nossas impressões. Elas também surgem muitas vezes de nossas condições físicas indevidas, que fazem as coisas parecerem muito mais reais do que imaginamos. E, por fim, as impressões vêm daqueles inimigos espirituais que parecem esperar às escondidas todo viajante que procura entrar nas regiões mais altas da vida espiritual.

Na mesma epístola que nos fala que estamos assentados "nos lugares celestiais em Cristo Jesus" (Ef 2.6), é-nos dito que teremos de lutar contra inimigos espirituais (Ef 6.12). Esses inimigos espirituais, quem quer que sejam, ou seja o que for, devem necessariamente se comunicar conosco por meio de nossas faculdades espirituais. E a sua voz, portanto, será como a voz de Deus, uma impressão interior gravada no nosso espírito. Consequentemente, assim como o Espírito Santo pode dizer-nos por impressões qual é a vontade de Deus a nosso respeito, esses inimigos espirituais também nos dirão qual é a sua vontade a nosso respeito, disfarçando-se, naturalmente, de "anjos de luz" que vieram para levar-nos para mais perto de Deus.

Muitos filhos de Deus fervorosos e sinceros de coração têm sido enganados desta forma para caírem no extremo fanatismo, enquanto pensam que estão seguindo de perto ao Senhor. Deus, que vê a sinceridade do coração deles, tem compaixão e perdoa, mas as consequências para esta vida muitas vezes são bem tristes. Não basta ter uma "direção", devemos descobrir a fonte dela antes de nos dispormos a segui-la. Não basta também que a direção seja "fora do comum" ou que as coincidências sejam evidentes para que sejam identificadas como certamente vindas de Deus. Em todas as eras do mundo, as agências do mal e do engano puderam operar milagres, predizer acontecimentos, revelar segredos e dar "sinais"; e o povo de Deus sempre foi enfaticamente advertido no sentido de não se deixar enganar por elas.

É essencial, portanto, que todas as nossas "direções" sejam testadas pelos ensinos das Escrituras. Mas só isso não basta. Elas devem ser testadas também por nosso julgamento espiritualmente iluminado, ou pelo que normalmente chamamos de "bom senso".

As Escrituras, em todas as passagens, fazem com que seja essencial para os filhos de Deus em sua jornada, usarem todas as faculdades que lhes foram dadas. Eles devem usar suas faculdades exteriores para sua caminhada exterior e suas faculdades interiores para sua caminhada interior. E também podem esperar que não tropeçarão em alguma pedra na caminhada exterior, ainda que andem com os olhos vendados, assim como podem esperar que não tropeçarão espiritualmente, ainda que coloquem de lado seu julgamento e bom senso em sua vida interior.

Algumas pessoas, no entanto, podem dizer aqui: "Mas pensei que não deveríamos depender de nosso entendimento humano nas coisas divinas". A isso respondo que não devemos depender de nosso entendimento humano não iluminado, mas de nosso julgamento humano e bom senso iluminados pelo Espírito de Deus. Ou seja, Deus falará conosco por meio das faculdades que nos deu, e não independentemente delas. Assim como devemos usar os nossos olhos externos em nossa caminhada externa, independentemente do quanto estejamos cheios de fé, também devemos usar os "olhos interiores do nosso entendimento" em nossa caminhada interior com Deus.

O terceiro teste a que as nossas impressões devem se submeter é o das circunstâncias. Se uma "direção" for de Deus, o caminho sempre se abrirá para ela. Nosso Senhor assegura-nos isso quando diz, em João 10.4: "Depois de fazer sair todas as que lhe pertencem, *vai adiante delas*, e elas o *seguem*, porque lhe reconhecem a voz". Observe aqui as expressões: "vai adiante" e "seguem". Ele vai adiante para abrir o caminho, e devemos seguir o caminho que foi assim aberto. Nunca é um sinal de uma direção divina quando o cristão insiste em abrir o seu próprio caminho e ignora todas as coisas contrárias. Se o Senhor "vai adiante" de nós, nos abrirá a porta e não precisaremos derrubar as portas.

O quarto ponto que eu gostaria de discutir é este: que assim como as nossas impressões devem ser testadas, como mostrei nas outras três vozes, essas outras vozes devem ser testadas por nossas impressões interiores. Se percebermos um "alto lá!" em nossa mente em relação a qualquer coisa, devemos esperar até que seja removido para que possamos agir. Uma cristã, que havia avançado com extraordinária rapidez na vida divina, contou-me seu segredo, dando-me esta simples receita: "Estou sempre atenta aos empecilhos". Não devemos ignorar a voz de nossas impressões interiores, nem desconsiderá-la, e muito menos fazer isso com as outras três vozes que mencionei.

Cada dom espiritual sobretudo precioso está sempre necessariamente ligado a algum perigo específico. Quando o mundo espiritual se abre para uma alma, tanto o bem como o mal se colocam diante dela. Entretanto, não devemos nos desanimar com isso. Quem não preferiria aceitar a natureza humana com todos os seus riscos e perigos a permanecer para sempre na ignorância e inocência da infância? E quem não preferiria chegar à estatura de Cristo, mesmo que isso implique novas e mais sutis formas de tentação?

Portanto, o medo dos perigos que cercam a direção divina não deve impedir-nos de aceitar o bendito privilégio de tê-la. Com os quatro testes que mencionei, e um senso divino de "dever" decorrente da harmonia de todas as vozes de Deus, não há nada a temer. E, ao que me parece, a bênção e a alegria desta comunicação direta da vontade de Deus a nós são um de nossos maiores privilégios. Que Deus *cuida* o bastante de nós a ponto de desejar acertar os detalhes de nossa vida é a prova de amor mais forte que poderia dar. O fato de Ele condescender em dizer-nos tudo isso, e nos permitir saber como devemos viver e andar de modo que perfeitamente lhe agrade, parece bom demais para ser verdade.

Nunca nos preocupamos com os detalhes da vida das pessoas a não ser que as amemos. É indiferente para nós o que faz a maioria das pessoas que conhecemos ou como elas passam o seu tempo. Mas, assim que começamos a amar uma delas, passamos a nos preocupar no mesmo instante. A lei de Deus, portanto, é apenas um outro nome para o amor de Deus. E quanto mais minuciosamente essa lei se ocupa dos detalhes de nossa vida, mais certos ficamos da profundidade e da realidade do amor. Nunca poderemos conhecer a plena alegria e os privilégios da vida escondida com Cristo em Deus se não aprendermos a lição de uma direção que se dá de hora em hora, todos os dias.

A promessa de Deus é que efetuará em nós tanto *o querer* como *o realizar*, segundo a sua boa vontade. Significa, naturalmente, que Ele se apoderará de nossa vontade e irá operá-la, e que as suas sugestões chegarão até nós não como ordenanças que vêm de fora, mas como desejos que brotam de dentro. Serão frutos da nossa vontade. Para nós será como se *desejássemos* – e não como se *devêssemos* – fazer isso ou aquilo, o que faz disso uma obra de perfeita liberdade, pois sempre é fácil fazer o que desejamos, por mais difíceis que possam ser as circunstâncias em questão.

Toda mãe sabe que poderia conseguir a perfeita e fácil obediência do filho se tão-somente conseguisse entrar na vontade dele e desenvolvê-la em seu lugar, levando-o a ter vontade de fazer as coisas que gostaria que fizesse. E é isso que o nosso Pai, na nova dispensação, faz por seus filhos. Ele "[põe] no [nosso] coração as [suas] leis e sobre a [nossa] mente as [inscreve]", para que a nossa afeição e o nosso entendimento as aceitem e sejamos *levados* a obedecer, em vez de sermos *forçados* a isso.

Com relação a esta direção direta, o modo pelo qual o Espírito Santo normalmente opera em uma alma totalmente obediente é imprimindo na mente uma vontade ou desejo de fazer ou deixar de fazer certas coisas.

O filho de Deus, quando sente em oração uma súbita sugestão em seu subconsciente em relação a um determinado sentido de obrigação do tipo "Eu gostaria de fazer isso ou aquilo", pensa: "Eu gostaria de poder fazê-lo". Neste momento, esta questão deve ser submetida ao Senhor com um consentimento imediato da vontade de obedecê-lo, uma vez que a sugestão realmente se mostre dele. E, então, os testes que mencionei devem ser aplicados com inteligência, isto é, uma vez que a sugestão esteja de acordo com o ensino das Escrituras, com um julgamento puro e com as circunstâncias providenciais.

Muitas vezes, nenhuma consciência distinta deste processo se faz necessária, uma vez que a nossa inteligência espiritual pode ver de imediato o certo ou o errado da questão. Mas por mais que seja possível, quando se alcança a harmonia divina, e o senso divino de "dever" se instaura no coração, então a obediência imediata é o caminho mais seguro e mais fácil.

Sempre que vemos claramente que uma coisa é certa, é o momento em que fica fácil fazê-la. Se "deixarmos para a razão", perderemos esta preciosa oportunidade e ficará cada vez mais difícil obedecer com o passar do tempo. A velha vontade própria acorda para a vida, e as energias que devem ser investidas na obediência são, em vez disso, consumidas enquanto lutamos com as dúvidas e os raciocínios.

No entanto, às vezes acontece que, a despeito de todos os nossos esforços para descobrir a verdade, o senso divino de "dever" não parece chegar, e as nossas dúvidas e perplexidades continuam pouco esclarecidas. Além disso, nossos amigos discordam de nós e sabemos que seriam contrários ao nosso curso. Neste caso, não há nada a fazer senão esperar até que a luz venha. Mas devemos esperar com fé e com uma atitude de total entrega, dizendo sempre "sim" à vontade de nosso Senhor, seja ela qual for. Se a sugestão for de Deus, ela persistirá e se fortalecerá; se não for, desaparecerá e quase nos esqueceremos de que já a tivemos. Se persistir, se em todas as vezes que estivermos em íntima comunhão com o Senhor ela parecer retornar, se nos afligir em nossos momentos de oração e perturbar toda a nossa paz, e estiver de acordo com o teste da harmonia divina de que falei, poderemos, então, ter certeza de que provém de Deus. Então, deveremos submeter-nos a ela pois, do contrário, sofreremos uma terrível perda.

O apóstolo dá-nos uma regra que me parece muito explícita em relação às coisas duvidosas. Ele fala sobre determinados tipos de carne que eram cerimonialmente imundos e, depois de declarar sua própria liberdade, diz: "Eu sei e estou persuadido, no Senhor Jesus, de que nenhuma coisa é de si mesma impura, salvo para aquele que assim a considera; para esse é impura". E para resumir toda a questão, ele escreve: "A fé que tens, tem-na para ti mesmo perante Deus. Bem-aventurado é aquele que não se condena naquilo que aprova. Mas aquele que tem dúvidas é condenado [culpado] se comer, porque o que faz não provém de fé; e tudo o que não provém de fé é pecado". Em tudo em que houver dúvida, você deve se aquietar e não agir até que Deus o ilumine para que conheça claramente a mente dele sobre a questão.

Quase sempre você descobrirá que a dúvida é a voz de Deus que o está chamando para conformar-se mais perfeitamente à sua vontade. Mas, às vezes, estas coisas duvidosas não passam de tentações ou sentimentos mórbidos, aos quais não convém submeter-se. A única coisa que convém é esperar até que você possa agir com fé, pois "tudo o que não provém de fé é pecado".

Apresente, então, todas as suas dificuldades ao Senhor. Diga-lhe que você só deseja conhecer e obedecer à sua voz, e peça-lhe para deixá-la clara para você. Prometa-lhe que obedecerá à sua voz, seja ela qual for. Creia sem reservas que Ele o está guiando, segundo a sua Palavra. Em todas as coisas duvidosas, espere até receber a nítida luz. Veja e ouça sempre a sua voz e, no momento em que você tiver certeza dela, não antes disso, submeta-se a ela imediatamente. Confie que Ele fará você esquecer-se de alguma impressão, se ela não for de sua vontade. E se ela persistir, e estiver de acordo com todas as outras vozes de Deus, não tenha medo de obedecer.

Acima de todas as demais coisas, confie nele. Em nenhum outro momento a fé se faz tão necessária quanto aqui. Ele prometeu guiar. Você lhe pediu para fazer isso. E agora você deve crer que Ele o faz e deve aceitar o que vier como sendo a direção dele. Nenhum pai ou senhor na terra poderia guiar seus filhos ou servos se eles se recusassem a aceitar as suas ordens como a verdadeira expressão de sua vontade. E Deus *não pode* guiar aquelas almas que nunca confiam suficientemente nele para crer que o está fazendo.

Sobretudo, não tenha medo desta bendita vida, vivida hora após hora e dia após dia sob a direção do seu Senhor! Se Ele procura tirar você do mundo e trazê-lo para uma conformidade mais próxima a Ele, não a evite. Este é o seu maior privilégio. Alegra-se nele. Aceite-o com entusiasmo. Deixa que tudo passe para que Ele possa ser seu.

"Deus é apenas o lar da criatura,

Embora tortuosa e estreita seja a estrada.

Contudo, não há outra coisa que possa satisfazer

O amor que anela por Deus.

Quão pouco nesta estrada, minha alma!

Quão pouco tu andaste nela!

Tem coragem e deixa que o intento de Deus

Convença-te a ir mais adiante.

DIFICULDADES ACERCA DA DIREÇÃO

Não repartas os teus deveres com Deus,

Mas deixe que a tua mão esteja livre;

Contempla Jesus – o seu doce amor

Como ele te foi repartido?

O caminho perfeito é difícil para a carne,

Mas não é difícil para o amor.

Se tu ficasses doente por sentir falta de Deus,

Com que rapidez tu te moverias!

E tão-somente desta perfeição precisa

Um coração que se mantém calmo o dia todo,

Para entender ali as palavras que o Espírito

De hora em hora pode dizer.

Portanto, mantém a tua consciência sensível,

Não percas nenhum sinal interior;

E vai aonde a graça te atrair –

Nisso está a perfeição.

Sê obediente ao teu Guia invisível,

Ama-o como Ele te ama.

Bastam tempo e obediência,

E santo tu deverás ser."

Capítulo 9

DIFICULDADES ACERCA DAS DÚVIDAS

Muitos cristãos são escravos de um inveterado hábito de duvidar. Não me refiro às dúvidas quanto à existência de Deus ou em relação às verdades bíblicas, mas às dúvidas quanto às relações pessoais desses cristãos com o Deus em quem professam crer, ao perdão de seus pecados, às suas esperanças de ir para o céu e sobre sua própria experiência interior. Nenhum ébrio está mais escravizado ao seu hábito de beber do que eles ao seu hábito de duvidar. Cada passo de seu progresso espiritual é dado contra a espantosa supremacia de um exército de dúvidas, que está de prontidão o tempo todo para atacá-lo a cada momento que se fizer oportuno. A vida deles se tornou vil, a sua utilidade está efetivamente inibida e a comunhão com Deus está sempre quebrada por causa de suas dúvidas.

E ainda que, ao entrar na vida de fé, em muitos casos a alma seja totalmente arrancada do terreno onde estas dúvidas existem e florescem, não obstante, o que acontece é que o velho tirano se levanta e reassume o seu poder. Ele faz os pés tropeçarem e o coração desfalecer, ainda que não consiga prosperar totalmente no sentido de levar o cristão de volta ao sombrio deserto.

Muitos se lembram da fascinação e também do espanto de quando eram crianças e ouviam a história do cristão preso no Castelo da Dúvida pelo malvado gigante chamado Desespero. Lembram também da alegre empatia que sentiam quando ele conseguia fugir daquele cruel tirano ao passar pelos enormes portões. Mal suspeitávamos, então, que nos veríamos levados pelo mesmo gigante e aprisionados no mesmo castelo. Mas receio que cada um de nós, se formos perfeitamente honestos, teria de confessar tal experiência a pelo menos uma pessoa, e alguns de nós talvez a muitos.

Parece estranho que as pessoas que levam o nome de cristãs, nome que implica que crer é uma de suas principais características, tenham de confessar que têm dúvidas. E embora seja um hábito universal, a meu ver, se o nome fosse dado novamente, o único adequado e descritivo a muitos filhos de Deus seria o de cépticos. Na realidade, os cristãos, em sua maioria, se acomodaram com as suas dúvidas. É como uma espécie de doença inevitável que são obrigados a sofrer terrivelmente, mas à qual precisam se submeter como parte da disciplina necessária desta vida na terra. Eles lamentam as suas dúvidas como um homem que lamenta seu reumatismo, fazendo-se de "casos interessantes" de uma especial e específica provação, que exigem a empatia mais afetuosa e a maior consideração.

Isso acontece com muita frequência até com cristãos que ardentemente desejam entrar na vida e na caminhada de fé, e que talvez já deram muitos passos neste sentido. Pode ser que eles estejam livres das velhas dúvidas que antes os atormentavam, nas quais se perguntavam se seus pecados realmente foram perdoados e se, no final, chegariam em segurança ao céu.

Mas eles não se livraram de duvidar. Simplesmente trocaram o hábito por uma plataforma mais alta. Talvez estejam dizendo: "Sim, eu creio que meus pecados foram perdoados, e que sou um filho de Deus pela fé em Jesus Cristo. Não tenho mais coragem de duvidar disso. Mas..." – e este "mas" inclui uma série de dúvidas que dizem respeito à maior parte das declarações e promessas que o nosso Pai fez aos seus filhos. Um após outro, eles lutam contra essas promessas e se recusam a crer nelas a menos que possam ter uma prova mais confiável de que são verdadeiras além da simples palavra de seu Deus. E então eles se perguntam por que lhes é permitido andar em trevas, se considerar quase mártires e gemer sob os conflitos espirituais que são obrigados a suportar.

Conflitos espirituais! Seria melhor se os chamássemos de rebeliões espirituais! A nossa luta deveria ser uma luta de fé; e no momento em que deixamos a dúvida entrar, a nossa luta cessa e a nossa rebelião começa.

Desejo lançar, se possível, um forte protesto contra toda esta questão.

Não faria diferença alguma se eu me juntasse aos lamentos de um ébrio e me unisse a ele em oração, pedindo graça para suportar a disciplina de seu desejo fatal, nem cedesse, por um instante, às fracas queixas destas almas escravizadas e tentasse consolá-las em sua escravidão. Em ambos os casos, eu não ousaria fazer coisa alguma senão proclamar a perfeita libertação que o Senhor Jesus Cristo tem reservada para eles e rogar, implorar e importunar com toda a força que se valham disso e sejam livres. Nem por um instante eu ouviria as suas desculpas desesperadas. Você deve ser livre, você pode ser livre, você precisa ser livre!

Você tentará dizer para mim que é inevitavelmente necessário que os filhos de Deus duvidem dele? É inevitavelmente necessário que seus filhos duvidem de você? Você toleraria que duvidassem por uma única hora? Se seu filho se aproximasse e dissesse: "Pai, duvido tanto que não consigo acreditar que sou seu filho, ou que você realmente me ama", você teria compaixão dele, lastimaria e acharia que é um "caso interessante"? E, não obstante, quantas vezes ouvimos um filho de Deus se desculpar pelas suas dúvidas, dizendo: "Oh, duvido tanto que não consigo crer no amor e no perdão de Deus"; e ninguém parece se espantar com isso.

Você também poderia dizer, com a mesma complacência: "Oh, sou tão mentiroso que não consigo deixar de mentir", e esperar que as pessoas considerem isso uma desculpa convincente. Aos olhos de Deus eu realmente creio que a dúvida é, em alguns casos, tão desagradável quanto a mentira. Sem dúvida ela desonra mais a Deus, pois impugna a sua veracidade e difama o caráter de Deus. João diz que "aquele que não dá crédito a Deus o faz mentiroso". E, ao que me parece, dificilmente haverá alguma coisa pior do que atribuir a Deus, desta forma, o caráter de um mentiroso! Você já pensou *nisso* como consequência de suas dúvidas?

Lembro-me de ver, certa vez, a indignação e a dor de uma mãe que ficou com o coração profundamente abatido por causa de uma pequena dúvida de uma de suas filhas. Ela havia levado duas garotinhas à minha casa para deixá-las comigo enquanto cumpria algumas tarefas. Uma delas, com aquela alegre confiança típica da infância, entregou-se a todos os deleites que pôde encontrar no quarto das crianças, cantando e brincando até sua mãe voltar. A outra, com a triste cautela e desconfiança de um adulto, sentou-se sozinha em um canto e começou a se perguntar se a mãe se lembraria de voltar para buscá-la. Com medo de ser esquecida e, depois, imaginando que a mãe estaria alegre com a oportunidade de se livrar dela de alguma maneira, pois era uma menina muito desobediente, acabou tendo um verdadeiro ataque de desespero. Não será fácil esquecer o olhar no rosto daquela mãe quando retornou e ouviu a garotinha chorosa contar o que lhe havia acontecido. Tristeza, amor ferido, indignação e compaixão lutaram entre si para tentar dominar aquela menina; e a mãe mal sabia de quem era a culpa, se dela ou da criança, de deixar que aquelas dúvidas existissem.

Talvez essas dúvidas possam afligir uma mãe na terra, mas com Deus isso nunca será possível. Por centenas de vezes em minha vida, desde então, esta cena me ocorreu para me ensinar uma profunda lição. Ela me forçou, definitivamente, a não deixar que as dúvidas acerca do amor, do cuidado e da lembrança de meu Pai Celestial para comigo, que gritavam à porta do meu coração, entrassem.

DIFICULDADES ACERCA DAS DÚVIDAS

Estou convencida de que a dúvida é para muitas pessoas um verdadeiro prazer, e privar-se desse prazer seria a parte mais difícil da autonegação que elas já conheceram. É um prazer que, como a indulgência em alguns outros prazeres, traz consequências muito tristes. E, talvez, ao olhar para a tristeza e miséria que ele trouxe à sua própria experiência cristã, você esteja inclinado a dizer: "Meu Deus! A dúvida não é um prazer para mim, mas uma terrível provação".

Mas pare por um instante. Tente renunciá-la e você logo descobrirá se ela é um prazer ou não. As suas dúvidas não chegam à sua porta como um grupo de amigos compreensivos, que são sensíveis ao seu difícil caso e que apareceram para se compadecer de você? E não é um prazer sentar-se com eles, diverti-los, ouvir suas discussões e juntar-se aos seus pesares? Não seria negar-se a si mesmo quando você decididamente se afasta deles e se recusa a ouvir uma palavra que eles tenham a dizer? Se você não sabe, experimente fazer isso e veja o que acontece.

Você nunca experimentou o prazer de se entregar a pensamentos maldosos contra aqueles que, a seu ver, já o ofenderam? Você nunca soube como é realmente fascinante pensar nas crueldades deles, espionar suas malícias e imaginar todos os tipos de coisas erradas e desagradáveis sobre eles? É claro que isso o deixa infeliz, mas é um tipo de infelicidade fascinante da qual você não consegue abrir mão com facilidade.

Assim é o prazer da dúvida. As coisas deram errado em sua experiência. As revelações foram misteriosas, as tentações foram peculiares, o seu "caso" pareceu diferente dos outros. O que é mais natural do que concluir que, por alguma razão, Deus o abandonou, não o ama e é indiferente ao seu bem-estar? Como é irresistível a convicção de que você é tão mau a ponto de Deus não se importar com você ou tão difícil a ponto de Ele não conseguir tratá-lo!

Você não tem a intenção de culpá-lo, ou de acusá-lo de ser injusto, pois percebe que a indiferença e a rejeição que Deus tem por você são, por causa de sua indignidade, o que você realmente merece.

E este mesmo subterfúgio o deixa livre, sob o pretexto de uma avaliação justa e verdadeira de seus próprios defeitos, para se entregar às suas dúvidas infames. Embora você pense que está duvidando de si mesmo, está de fato duvidando do Senhor e fomentando contra Ele pensamentos tão duros e errados como nunca o fez contra um inimigo humano. Pois Ele declara que não veio salvar justos, e sim pecadores; e a sua pecaminosidade e indignidade, em vez de serem uma razão que explique por que Ele não deveria amá-lo e cuidar de você, são de fato seu maior direito de reclamar o amor e o cuidado de Deus.

É como se o pobre cordeirinho que se apartou do rebanho e se perdeu no deserto dissesse: "Estou perdido e, por isso, o pastor não pode me amar, nem cuidar de mim, nem se lembrar de mim; ele só ama e cuida dos cordeiros que nunca se desviam". É como se o doente dissesse: "Estou doente e, por isso, o médico não virá me ver, nem me dará remédio; ele só visita e cuida de pessoas saudáveis". Jesus diz: "Os sãos não precisam de médico, e sim os doentes". E, mais uma vez, Ele diz: "Qual, dentre vós, é o homem que, possuindo cem ovelhas e perdendo uma delas, não deixa no deserto as noventa e nove e vai em busca da que se perdeu, até encontrá-la?". Portanto, quaisquer pensamentos acerca dele que sejam diferentes do que Ele mesmo disse, são maus pensamentos. E alimentá-los é pior do que alimentar maus pensamentos contra qualquer amigo ou inimigo. Do começo ao fim da sua vida cristã, entregar-se a dúvidas é sempre pecado. Dúvidas e desalentos são coisas que procedem de uma fonte maligna, e sempre são falsas. Negar direta e enfaticamente é a única maneira de opor-se a elas.

Isso me remete à parte prática da questão de como ser liberto deste hábito fatal. Minha resposta é que a libertação deve acontecer da mesma forma como se dá a de qualquer outro pecado. Ela deve ser encontrada em Cristo, e somente nele. Você deve entregar as suas dúvidas a Deus, assim como aprendeu a entregar as suas outras tentações. Você deve tratá-las do mesmo modo como trata seu temperamento ou seu orgulho; ou seja, você deve entregá-las ao Senhor. Creio que o único remédio eficaz é assumir o compromisso de lutar contra elas, assim como você insistiria com um ébrio para lutar contra o vício da bebida, confiando que somente o Senhor pode manter você firme.

Como qualquer outro pecado, a força está na vontade, e a vontade ou o propósito de duvidar devem ser entregues da mesma forma como se entrega a vontade ou o propósito de ceder a qualquer outra tentação. Deus sempre se apodera de uma vontade rendida. E se chegarmos a ponto de dizer que não duvidamos, e entregarmos a Ele esta fortaleza central de nossa natureza, o seu bendito Espírito começará no mesmo instante a "operar em nós o beneplácito de sua vontade". Então, nós nos veremos livres da dúvida pelo seu grande e triunfante poder.

O problema é que, nesta questão da dúvida, o cristão nem sempre faz uma entrega total, mas fica inclinado a guardar, em secreto, uma pequena liberdade para duvidar, considerando-a às vezes uma necessidade.

"Não quero mais duvidar", diremos, ou, "Espero não duvidar". Mas é difícil chegar a ponto de dizer: "Eu não *irei* mais duvidar". E nenhuma entrega é efetiva a menos que se chegue a ponto de dizer: "Eu não irei". A liberdade de duvidar deve ser renunciada de uma vez por todas. Devemos aceitar uma vida constante de inevitável confiança. Muitas vezes é necessário, penso eu, fazer uma transação definitiva desta entrega da dúvida e ser objetivo sobre o assunto. Creio que essa entrega é tão necessária no caso de quem duvida como no caso de um ébrio. Não adiantará renunciar a tal liberdade aos poucos. O princípio da total abstinência é o único princípio eficaz aqui.

Então, uma vez feita a entrega, devemos descansar totalmente no Senhor para sermos libertos em cada momento de tentação. No momento em que vierem os ataques, devemos levantar o nosso escudo da fé contra eles. Devemos colocar o primeiro sinal de dúvida nas mãos do Senhor e deixar que cuide dele. Não devemos nutrir dúvida alguma em nenhum momento. Ainda que ela venha de modo aceitável ou sob o aspecto de humildade, devemos simplesmente dizer: "Não tenho coragem de duvidar; tenho de confiar. Deus *é* o meu Pai e Ele me ama. Jesus me salva; Ele me salva agora". Essas três pequenas palavras, repetidas várias vezes: "Jesus me salva, Jesus me salva", afugentarão o maior exército de dúvidas que já atacou alguma alma. Eu já o fiz inúmeras vezes e isso nunca falhou.

Não pare para discutir o assunto consigo mesmo ou com as suas dúvidas. Não dê atenção às dúvidas, sejam quais forem, mas trate-as com o maior desprezo. Não as atenda e negue enfaticamente cada palavra que elas lhe disserem. Use um "Está escrito" e lance-o contra elas. Olhe para Jesus e diga que você confia nele e pretende continuar a confiar. Então, deixe que as dúvidas gritem como puderem, pois não poderão feri-lo se você não as deixar entrar.

Sei que será para você como se estivesse deixando de atender os seus melhores amigos, e o seu coração desejará as suas dúvidas mais do que os israelitas desejaram as panelas de carne do Egito. Mas negue-se a si mesmo; tome a sua cruz nesta questão e se recuse com calma, porém com firmeza, a ouvir uma única palavra.

Muitas vezes eu me vi, ao acordar pela manhã, diante de um perfeito exército de dúvidas gritando à minha porta para que pudesse entrar. Nada parecia real, nada parecia verdadeiro. E, menos ainda, parecia ser possível que eu – miserável e infeliz – pudesse ser o objeto do amor, do cuidado ou da atenção do Senhor.

Se eu tão-somente tivesse liberdade para deixar essas dúvidas entrarem, e convidá-las a se sentarem e se sentirem em casa, que prazer muitas vezes eu teria sentido! Mas há anos fiz uma promessa em relação à dúvida, e é mais

DIFICULDADES ACERCA DAS DÚVIDAS

fácil não cumprir a minha promessa acerca de consumir bebidas alcoólicas do que duvidar. Nunca ousei admitir a primeira dúvida.

Nesses momentos, portanto, eu era obrigada a levantar o "escudo da fé" assim que tomava conhecimento destes sinais de dúvida. Entregando todo o exército ao domínio do Senhor, eu começava a declarar, por várias vezes, minha fé nele, usando essas simples palavras: "Deus *é* o meu Pai; *sou* sua filha perdoada; Ele me ama; Jesus me salva; Jesus me salva agora!". A vitória sempre foi completa. O inimigo vinha como uma enchente, mas o "Espírito do Senhor arvorava contra ele um estandarte" e minhas dúvidas se punham em fuga. E eu podia juntar-me ao cântico de Moisés e dos filhos de Israel, dizendo: "Cantarei ao SENHOR, porque triunfou gloriosamente; lançou no mar o cavalo e o seu cavaleiro. O SENHOR é a minha força e o meu cântico; ele me foi por salvação".

Queridas almas que duvidam, façam o mesmo! Vocês terão a mesma vitória. Talvez pensem que as dúvidas são necessárias no seu caso, por causa da peculiaridade do seu temperamento. Mas eu lhes asseguro, mais enfaticamente, que as coisas não são assim. Vocês não têm mais a necessidade de duvidar de seus relacionamentos com o Pai Celestial do que de seus relacionamentos com o seu pai na terra. Em ambos os casos, aquilo de que vocês precisam depender é da palavra deles, e não de seus sentimentos. Nenhum pai na terra já declarou ou manifestou a milésima parte de sua paternidade de modo tão inconfundível ou amoroso quanto o Pai Celestial.

Para não "fazer de Deus um mentiroso", você deve fazer com que a sua fé seja tão inevitável e necessária quanto a sua obediência. Você obedeceria a Deus, creio eu, ainda que tivesse de morrer por isso. Creia nele ainda que o esforço de crer custe a sua vida. O conflito pode ser muito difícil; às vezes pode parecer insuportável. Mas deixe que sua constante declaração, de agora em diante, seja: "Ainda que Ele me mate, eu confiarei nele".

Quando surgirem as dúvidas, enfrente-as não com argumentos, mas com declarações de fé. Todas as dúvidas são ataques do inimigo. O Espírito Santo nunca as sugere. Ele é o Consolador, não o acusador. Ele nunca nos mostra a nossa necessidade sem, ao mesmo tempo, revelar a provisão divina.

Portanto, não atente para as suas dúvidas nem por um instante. Afaste-se delas com pavor, como faria no caso de blasfêmia, pois elas *são* blasfêmias. Você talvez não possa impedir que lhe ocorram sinais de dúvidas, assim como não pode impedir que os meninos na rua o xinguem enquanto você passa. E, consequentemente, você não está pecando em nenhum dos casos. Mas assim como você pode se negar a ouvir os meninos ou se juntar aos seus insultos, também pode se negar a ouvir as dúvidas ou se juntar a elas. Elas não são *suas* a menos que você as aceite e as reconheça como sendo verdadeiras. Quando elas surgirem, você deve se afastar assim como faria no caso dos insultos. Um modo muito prático de se livrar delas é confessar a sua fé, falando da maneira mais forte possível, em qualquer lugar ou para qualquer pessoa. Se você não puder fazer isso verbalmente, escreva em um papel ou repita várias vezes em seu coração para o Senhor.

Portanto, deixe este livro um pouco de lado, pegue a caneta e escreva a sua decisão para nunca mais ficar indeciso novamente. Faça dela um verdadeiro acordo entre a sua alma e o Senhor. Abra mão de uma vez por todas de sua liberdade para duvidar. Entregue a sua vontade neste sentido ao Senhor e confie que Ele não o deixará cair. Conte-lhe tudo sobre a sua total fraqueza, seus hábitos de duvidar há muito incentivados e o quanto você é impotente diante disso. Entregue toda a batalha a Ele. Diga-lhe que você não *irá* duvidar novamente, colocando toda a força de sua vontade em Deus, e contra o inimigo dele e seu. Daí por diante, mantenha firmemente o seu rosto voltado "para Jesus", longe do seu eu e longe de suas dúvidas, retendo a profissão de sua fé sem vacilar, porque "quem fez a promessa é fiel".

Confie na fidelidade dele e não na sua. Você assumiu o compromisso de guardar a sua alma para Ele, como ao "fiel Criador", e jamais deve admitir novamente a possibilidade de pensar que Ele é infiel. Creia que é fiel não porque você o sente ou o vê, mas porque Ele assim o diz. Creia, quer sinta ou não. Creia, mesmo quando lhe parecer que está acreditando em algo que é totalmente falso. Creia de fato e com persistência. Cultive o constante hábito de crer e nunca deixe que a sua fé vacile diante de algo que é "aparente", por mais plausível que possa ser. O resultado será que, mais cedo ou mais tarde, você *saberá* que isso é verdadeiro, e todas as dúvidas desaparecerão diante do esplendor da glória da total fidelidade de Deus!

É inexorável a regra na vida espiritual de que algo nos é feito de acordo com a nossa fé. Sem dúvida, essa regra deve ser aplicada em ambos os sentidos e, portanto, podemos justamente esperar que algo nos seja feito de acordo com as nossas dúvidas.

Dúvidas e desalentos são, creio eu, canais pelos quais o mal entra, enquanto a fé é um muro invencível contra todo o mal.

Queridas almas que duvidam, o meu coração se compadece de vocês com uma terna empatia! Sei de sua sinceridade, de seu zelo e de suas pelejas para conquistar uma permanente experiência com Deus, por meio do Senhor Jesus Cristo. Sei também o quanto o seu fatal hábito de duvidar tem sido eficaz para detê-las. Eu gostaria que minhas palavras abrissem os olhos para que vissem a libertação que está à porta. Rogo-lhes que experimentem o meu método e vejam se não é verdade que isso inevitavelmente lhes será feito "conforme a [sua] vontade".

Capítulo 10

DIFICULDADES ACERCA DA TENTAÇÃO

Alguns erros bastante consideráveis são cometidos em relação a tentação no exercício prático da vida de fé.

Em primeiro lugar, as pessoas parecem esperar que, depois de a alma entrar no descanso do Senhor, as tentações cessem. Elas pensam que a libertação prometida não só diz respeito à tentação ser vencida, mas também ao fato de que não seremos tentados. Consequentemente, quando descobrem que "os cananeus habitavam essa terra" e veem "cidades grandes e amuralhadas até aos céus", sentem-se totalmente desanimadas e pensam que devem ter errado de alguma forma, e que esta, afinal, não pode ser a verdadeira terra.

Então, em seguida, elas cometem o erro de considerar a tentação como um pecado e de se culpar pelas sugestões do mal, ainda que as abominem. Isso faz com que se sintam condenadas e desanimadas; e o desânimo, quando persiste, sempre resulta de fato em pecado. Uma alma desanimada é uma presa fácil para o pecado; muitas vezes caímos por causa do medo que temos de cair.

Para enfrentarmos a primeira destas dificuldades, é necessário apenas que recorramos às declarações bíblicas que afirmam que toda a vida cristã consiste em uma guerra. Isso sobretudo acontece quando estamos "[assentados] nos lugares celestiais em Cristo Jesus" e somos chamados a combater os inimigos espirituais, cujo poder e habilidade para tentar-nos devem, sem dúvida, ser muito superiores a qualquer coisa com a qual já nos deparamos até agora. O fato é que as tentações normalmente passam a ter uma força dez vezes maior, em vez de diminuírem, depois que entramos para a vida interior. Mas nem a quantidade nem o tipo dessas tentações devem levar-nos, nem por um momento, a supor que de fato não encontramos a verdadeira resistência. As fortes tentações muitas vezes são mais um sinal de abundante graça do que de pouca.

Quando os filhos de Israel deixaram o Egito, o Senhor não os levou a atravessar a terra dos filisteus, embora fosse o caminho mais curto; "pois [Deus] disse: Para que, porventura, o povo não se arrependa, vendo a guerra, e torne ao Egito". Entretanto, depois, quando eles aprenderam a confiar mais, Ele permitiu que os seus inimigos os atacassem. Ainda em sua jornada pelo deserto, eles se depararam com alguns inimigos e travaram batalhas, como os que encontraram na terra de Canaã. Havia sete grandes nações e trinta e um reis a serem conquistados, além de cidades muradas a serem tomadas e gigantes a serem vencidos.

Eles não poderiam ter lutado contra os "cananeus, os heteus, e amorreus, e ferezeus, e heveus, e jebuseus" se não tivessem ido para a terra onde estavam esses inimigos. Portanto, o mesmo poder de suas tentações talvez seja uma das mais fortes provas de que você realmente está na terra da promessa na qual vinha tentando entrar, pois se tratam de tentações próprias dessa terra. Consequentemente, você nunca deve deixar que elas o levem a questionar o fato de que entrou na terra.

O segundo erro não é muito fácil de enfrentar. Parece desnecessário dizer que a tentação não é pecado, e, não obstante, surge muita desgraça por não entendermos este fato. A menor sugestão de erro parece trazer contaminação consigo. A pobre alma tentada começa a sentir como se fosse de fato ruim e a se julgar muito distante de Deus. Tudo isso por ter tais pensamentos e sugestões. É como se um ladrão arrombasse uma casa para roubar e, quando o dono da casa começasse a resistir e a expulsá-lo, ele se virasse e acusasse o proprietário de ser o próprio ladrão.

Esta é a grande artimanha do inimigo para fazer-nos cair na armadilha. Ele vem e nos sussurra sugestões do mal – dúvidas, blasfêmias, ciúmes, invejas e orgulho – e, então, se vira e diz: "Como você é mau por pensar estas coisas! Está muito claro que você não está confiando no Senhor; pois se assim fosse, seria impossível que estas coisas entrassem no seu coração". Este raciocínio parece tão plausível que muitas vezes nós o aceitamos como sendo verdadeiro e, por isso, nos vemos debaixo de condenação e nos enchemos de desânimo. Com essa brecha fica fácil a tentação transformar-se em um verdadeiro pecado!

Uma das coisas mais fatais na vida de fé é o desânimo; uma das mais úteis é a confiança. Um homem muito sábio certa vez disse que, para vencer a tentação, a confiança era a primeira, a segunda e a terceira coisas. A nossa *expectativa* deve ser vencer. Esta é a razão por que o Senhor disse tantas vezes para Josué: "Sê forte e corajoso"; "não temas, nem te espantes"; "tão-somente sê forte e mui corajoso". E também é a razão por que Ele nos diz: "Não se turbe o vosso coração, nem se atemorize". O poder da tentação está no desfalecer do nosso próprio coração. O inimigo sabe muito bem disso e sempre começa seus ataques contra nós usando o nosso desânimo, se puder tê-lo de alguma forma.

Este desânimo surge, às vezes, daquilo que consideramos ser uma justificada tristeza e desgosto com nós mesmos de que tais coisas *poderiam* ser alguma tentação para nós. Mas isso, na verdade, é uma mortificação decorrente do fato de que cedemos a uma autofelicitação secreta de que as nossas preferências eram demasiadamente puras, ou a nossa separação do mundo completa, para que tais coisas nos tentassem. Ficamos desanimados porque esperamos algo de nós mesmos e extremamente desapontados por não vermos tal coisa.

Esta mortificação e desânimo, embora tenham aparência de uma verdadeira humildade, são de fato uma condição muito pior do que a tentação propriamente dita, pois não passam das consequências do amor-próprio ferido. A verdadeira humildade suporta ver sua total fraqueza e insensatez expostas, porque nunca esperou nada de si mesma, e sabe que a sua única esperança e expectativa devem estar em Deus. Portanto, em vez de desanimarem a alma humilde de confiar, tais revelações levam-na a uma confiança mais profunda e mais completa. Contudo, a falsa humildade que o amor-próprio produz faz a alma mergulhar nas profundezas de um desânimo inconfiável e a leva para o mesmo pecado com o qual ela se angustia.

Há uma alegoria que ilustra isso de um modo maravilhoso. Satanás convocou uma reunião com seus servos para perguntar como poderiam fazer um homem bom pecar. Um espírito maligno levantou-se de súbito e disse: "Eu o farei pecar". "Como fará isso?", perguntou Satanás. "Colocarei diante dele os prazeres do pecado", foi a resposta. "Eu lhe falarei dos deleites e das belas recompensas que o pecado traz." "Ah", disse Satanás, "isso não funcionará; o homem já o experimentou e sabe que as coisas não são assim." Então outro demônio se levantou e disse: "Eu o farei pecar". "O que você fará?", perguntou Satanás. "Eu lhe falarei das dores e dos sofrimentos da virtude. Eu lhe mostrarei que a virtude não tem prazeres e não dá recompensas." "Ah, não!", exclamou Satanás, "isso não funcionará, pois ele já o experimentou e sabe que os caminhos da sabedoria são caminhos deliciosos, e todas as suas veredas são paz". "Bem", disse outro demônio, levantando-se, "eu prometo que o faço pecar". "E o que você fará?", perguntou Satanás novamente. "Desanimarei a sua alma", foi sua breve resposta. "Ah, isso funcionará!", bradou Satanás. "Isso funcionará! Agora nós o conquistaremos."

DIFICULDADES ACERCA DA TENTAÇÃO

Um antigo escritor diz: "Todo desânimo vem do Diabo". Eu gostaria que todo cristão fizesse disso um lema e percebesse que deve fugir do desânimo assim como foge do pecado.

Mas se não reconhecermos a verdade acerca da tentação, isso será impossível, pois se as tentações são deslizes nossos, não podemos deixar de enfrentar o desânimo. Mas elas não são. A Bíblia diz: "Bem-aventurado o homem que suporta, com perseverança, a provação". Somos exortados a "[termos] por motivo de toda alegria o [passarmos] por várias provações".

A tentação, portanto, não pode ser considerada como pecado. A verdade é que ouvir estes sussurros e sugestões do mal em nossa alma não é mais pecado do que ouvir as más conversações de homens maus enquanto passamos pela rua. Só é pecado, em ambos os casos, quando paramos e nos unimos a eles. Se quando as sugestões do mal surgirem nos afastarmos delas no mesmo instante, como faríamos no caso das más conversações, e não lhes dermos atenção, não pecaremos. Mas se as levarmos em nossa mente e as tivermos debaixo da língua, e lhes dermos importância, deixando que a nossa vontade aceite parcialmente que se tratam de verdades, então pecaremos.

Podemos ser atraídos por tentações mil vezes por dia sem pecarmos, e não podemos evitá-las nem nos culpar por elas. Mas se começarmos a pensar que são pecados reais de nossa parte, então a batalha já está metade perdida, e o pecado dificilmente poderá deixar de ter uma vitória completa.

Certa vez, uma querida senhora veio ter comigo, instigada por uma terrível ignorância, simplesmente porque não compreendia essa verdade. Ela levava a vida de fé com muita alegria há algum tempo e se sentia tão livre da tentação a ponto de quase começar a pensar que nunca mais seria tentada novamente. Mas, de repente, uma forma muito peculiar de tentação a assaltou, deixando-a apavorada. Ela descobriu que, no momento em que começava a orar, terríveis pensamentos de todos os tipos vinham-lhe de súbito à mente.

Ela levava uma vida pura e muito resguardada, e esses pensamentos pareciam-lhe tão terríveis que se sentia como se fosse uma das mais ímpias pecadoras. Ela começou a pensar que possivelmente não havia entrado no descanso da fé e acabou por concluir que nunca havia nascido de novo. A sua alma estava terrivelmente angustiada. Eu lhe disse que esses terríveis pensamentos eram pura e simplesmente tentações, e que não deveria se culpar por causa deles, já que não poderia evitá-los assim como não poderia deixar de ouvir as blasfêmias ditas por um ímpio em sua presença.

Eu também a convenci a reconhecê-los, tratando-os apenas como tentações, e a não se culpar ou se deixar desanimar. Disse-lhe para voltar-se no mesmo instante para o Senhor, entregando-os a Ele. Eu lhe mostrei como era grande a vantagem que o inimigo havia ganhado ao levá-la a pensar que esses pensamentos provinham dela mesma e a se lançar na condenação e no desânimo por causa deles. Eu lhe assegurei que logo teria vitória se não lhes desse atenção, simplesmente ignorando a presença deles, dando-lhes as costas e olhando para o Senhor.

Ela compreendeu a verdade e, quando esses pensamentos blasfemos tornaram a acontecer, disse no seu interior para o inimigo: "Sei que é você. É você que está sugerindo estes terríveis pensamentos. Eu os odeio e não tenho nada a ver com eles. O Senhor é o meu ajudador; levo-os a Ele e os coloco em sua presença". Imediatamente o inimigo, frustrado, vendo que havia sido descoberto, fugiu confuso e a alma daquela mulher foi totalmente libertada.

Há outro detalhe também. Nossos inimigos espirituais sabem que se o cristão reconhecer uma sugestão do mal como vinda deles, recuará dela muito mais rápido do que o faria se a sugestão parecesse ser de sua mente. Se o Diabo iniciasse cada tentação com as palavras: "Eu sou o Diabo, seu inimigo impiedoso; vim para fazê-lo pecar", suponho que dificilmente teríamos algum desejo de ceder às suas sugestões. Ele tem de se esconder para fazer com que as suas iscas sejam atraentes. E a nossa vitória será muito mais facilmente ganha se não ignorarmos as suas artimanhas, mas as reconhecermos logo que ele se aproximar.

Também cometemos outro grande erro acerca das tentações quando pensamos que todo o tempo investido nessa luta é perdido. As horas passam, e parece que não fizemos progresso algum porque continuamos metidos em tantas tentações. Mas o que acontece é que podemos estar servindo a Deus de um modo mais verdadeiro durante essas horas do que nos momentos em que nos sentimos livres delas. Estamos defendendo as batalhas do Senhor quando as combatemos. E as horas, para nós, muitas vezes equivalem a dias sob estas circunstâncias. Está escrito: "Bem-aventurado o homem que suporta, com perseverança, a provação", e estou certa de que isso significa suportá-la enquanto durar e em sua frequente reincidência.

Nada cultiva tanto a graça da paciência do que suportar a tentação; e nada leva tanto a alma a uma total dependência do Senhor Jesus do que suportá-la enquanto ela durar. E, por fim, nada rende mais louvor, honra e glória ao próprio Senhor do que a provação de nossa fé que vem por meio de diversas tentações. É-nos dito que ela é "muito mais preciosa do que o ouro perecível, mesmo apurado por fogo" e que nós, que suportamos com paciência a provação, receberemos como recompensa "a coroa da vida, a qual o Senhor prometeu aos que o amam".

Não podemos mais nos espantar, portanto, com a exortação com a qual o Espírito Santo abre o livro de Tiago: "Tende por motivo de toda alegria o passardes por várias provações, sabendo que a provação da vossa fé, uma vez confirmada, produz perseverança. Ora, a perseverança deve ter ação completa, para que sejais perfeitos e íntegros, em nada deficientes".

A tentação é claramente um dos instrumentos usados por Deus para completar a nossa perfeição. Assim, as armas do pecado se voltam contra ele mesmo e vemos de que forma todas as coisas, até as tentações, podem cooperar para o bem daqueles que amam a Deus.

Quanto ao modo de vencer a tentação, parece desnecessário dizer àqueles a quem, sobretudo, me dirijo neste momento, que ele se dá por meio da fé, que, sem dúvida, é o fundamento sobre o qual toda a vida interior se apoia.

Nosso único e grande lema é: "Não somos nada: Cristo é tudo". Sempre e em todo lugar onde começamos, temos de permanecer, caminhar, vencer e viver pela fé. Descobrimos que somos totalmente impotentes, sabemos que não podemos fazer nada por nós mesmos e aprendemos que a única coisa que devemos fazer, portanto, é entregar a tentação ao nosso Senhor e confiar que Ele a vencerá por nós. Entretanto, quando a colocamos em suas mãos, devemos *deixá-la* ali. A meu ver, a maior dificuldade de todos está neste *deixar*.

Parece impossível crer que o Senhor poderá ou irá vencer a tentação sem a nossa ajuda, principalmente se ela não desaparecer imediatamente. Prosseguir com paciência, "suportando" a persistente tentação sem cedermos a ela, e também sem sairmos das mãos do Senhor, é uma maravilhosa vitória para a nossa impaciente natureza. Mas é uma vitória que devemos ter, se quisermos fazer o que agrada a Deus.

Devemos, então, entregar-nos de fato ao Senhor para obter a vitória sobre as nossas tentações assim como nos entregamos, a princípio, para receber perdão. Devemos abandonar-nos completamente em suas mãos para conseguir tanto uma coisa como a outra. Milhares de filhos de Deus fizeram isso e podem testificar hoje que tiveram vitórias maravilhosas sobre inúmeras tentações. Eles passaram a ser, de fato, "mais que vencedores" por meio daquele que os amou.

No entanto, não posso discutir esta parte no momento. Meu objetivo agora não é apresentar a tentação sob sua verdadeira luz, mas desenvolver o modo de vencê-la. Desejo muito que almas cuidadosas e fiéis sejam libertadas da escravidão a que estão certas de serem levadas, se não entenderem a verdadeira natureza e aplicação da tentação e a confundirem com pecado.

Quando a tentação finalmente for reconhecida *como* tal, poderemos dizer no mesmo instante: "Para trás de mim". E então andaremos em uma paz serena e triunfante mesmo em meio aos ataques mais ferozes, sabendo que "quando o inimigo vier como uma inundação, o Espírito do Senhor arvorará um estandarte contra ele".

Capítulo 11

DIFICULDADES ACERCA DOS FRACASSOS

O TÍTULO DESTE CAPÍTULO talvez assuste alguns. "Fracassos!", dirão eles. "Pensávamos que não havia fracassos nesta vida de fé!"

A isso respondo que não deve e nem precisa haver. Mas o fato é que às vezes há fracassos, e devemos lidar com fatos, não com teorias. Nenhum mestre nesta vida interior alguma vez disse que é impossível pecar. Os mestres só insistem em dizer que o pecado deixa de ser uma necessidade, e que uma possibilidade de constante vitória se abre diante de nós. E há poucos, ou talvez nenhum, que não confesse que, quanto à sua própria experiência real, foram às vezes vencidos, ao menos por uma momentânea tentação.

Sem dúvida, ao falar de pecado aqui, eu me refiro ao pecado consciente e conhecido. Não toco no assunto dos pecados de ignorância, ou o que chamam de pecados inevitáveis de nossa natureza, que se deparam com as provisões de Cristo e não interrompem a nossa comunhão com Deus. Não tenho vontade nem capacidade para tratar das doutrinas acerca do pecado. Eu as deixo com os teólogos, para que as discutam e resolvam, enquanto falo apenas da experiência do cristão neste assunto.

Há muitas coisas que fazemos inocentemente até que uma luz cada vez mais forte mostre que estão erradas. Elas podem ser classificadas como pecados de ignorância. Mas uma vez que são feitas em ignorância, não nos colocam sob condenação e não vêm ao caso na presente discussão.

Uma ilustração disso ocorreu certa vez em minha presença. Uma garotinha estava brincando perto da biblioteca, em uma tarde quente de verão, enquanto o pai descansava no divã. Um belo tinteiro que estava sobre a mesa chamou a atenção da criança e, sem ser vista por ninguém, ela subiu em uma cadeira e o pegou. Então, andando em direção ao pai com um ar de vitória, ela virou o tinteiro na camisa branca do pai e sorriu de alegria enquanto via a tinta preta escorrer por toda a parte.

A criança fez algo muito errado, mas não podemos chamar isso de pecado, pois ela não sabia de nada. Se fosse mais velha e tivesse aprendido que tinteiros não eram brinquedos, sua atitude teria sido pecado. "Aquele que sabe que deve fazer o bem e não o faz, nisso está pecando". E em tudo o que eu disser acerca do pecado neste capítulo, desejo que seja plenamente entendido que me refiro simplesmente àquilo que está ao alcance de nossa consciência.

Entender mal esta questão do pecado consciente ou conhecido abre a porta para grandes perigos na vida de fé. Quando um cristão que acredita ter entrado no caminho da santidade se vê surpreendido pelo pecado, ele é tentado a ficar totalmente desanimado e a ceder por considerar que tudo está perdido. Ou, para preservar intactas as doutrinas, ele acredita ser necessário encobrir seu pecado, chamando-o de fraqueza e se recusando a ser sincero e franco. Qualquer uma destas posições é igualmente fatal para um verdadeiro crescimento e progresso na vida de santidade.

DIFICULDADES ACERCA DOS FRACASSOS

O único caminho é enfrentar de vez o triste fato, chamar a coisa pelo seu devido nome e descobrir, se possível, a razão e a solução. Esta vida de união com Deus requer a maior honestidade para com Ele e para com nós mesmos. A bênção que o próprio pecado só interromperia por um instante certamente estaria perdida se o pecado fosse tratado com desonestidade. Um súbito fracasso não é motivo para desanimar e abrir mão de todas as coisas por considerá-las perdidas. Nem a integridade de nossa doutrina é afetada por ele.

Não estamos pregando um *estado*, mas uma *caminhada*. O caminho da santidade não é um *lugar*, mas uma *estrada*. Santificação não é algo a ser alcançado em um determinado estágio de nossa experiência e a ser preservado depois de conquistado, mas é uma vida para ser vivida dia após dia, e hora após hora. Podemos, por um instante, desviar-nos de um caminho, mas ele não desaparece só porque nos desviamos, e pode ser retomado no mesmo instante. Nesta vida e caminhada de fé pode haver fracassos momentâneos que, embora muito tristes e sobremaneira lamentáveis, não precisam, se tratados corretamente, perturbar a atitude da alma no sentido de sua total consagração e perfeita confiança. Não precisam também interromper, além do momento passageiro, sua feliz comunhão com o Senhor.

A grande questão é voltarmos imediatamente para Deus. Nosso pecado não é motivo para deixarmos de confiar, mas apenas um argumento incontestável da razão por que devemos confiar mais plenamente do que nunca. Seja qual for a causa por que fomos traídos e levados ao fracasso, o certo é que a solução não se encontra no desânimo.

Assim como uma criança que está aprendendo a andar se desespera ao cair e se recusa a dar outro passo, o cristão que está procurando aprender a viver e a andar pela fé se entrega ao desespero porque caiu no pecado. O único caminho em ambos os casos é levantar-se e tentar novamente. Os filhos de Israel se depararam com aquela terrível derrota logo depois de entrarem na terra, diante da pequena cidade de Ai, e ficaram tão desanimados que lemos:

"E o coração do povo se derreteu e se tornou como água. Então, Josué rasgou as suas vestes e se prostrou em terra sobre o rosto perante a arca do SENHOR até à tarde, ele e os anciãos de Israel; e deitaram pó sobre a cabeça. Disse Josué: Ah! SENHOR Deus, por que fizeste este povo passar o Jordão, para nos entregares nas mãos dos amorreus, para nos fazerem perecer? Tomara nos contentáramos com ficarmos dalém do Jordão. Ah! Senhor, que direi? Pois Israel virou as costas diante dos seus inimigos! Ouvindo isto os cananeus e todos os moradores da terra, nos cercarão e desarraigarão o nosso nome da terra; e, então, que farás ao teu grande nome?"

Que grito de desespero foi este! E como estas mesmas palavras se repetem na boca de muitos filhos de Deus hoje! Seus corações, por causa de uma derrota, se derretem, se tornam como água e clamam: "Tomara nos contentáramos com ficarmos dalém do Jordão". Eles predizem para si mesmos outros fracassos e até o total embaraço diante de seus inimigos. Sem dúvida, Josué pensou como estamos propensos a pensar agora, que o desânimo e o desespero eram a única condição apropriada e segura depois de tal fracasso. Mas Deus pensa de outra forma. "Então, disse o SENHOR a Josué: Levanta-te! Por que estás prostrado assim sobre o rosto?". O que convinha fazer não era entregarem-se ao total desânimo, por mais humilde que isso parecesse, mas enfrentarem de uma vez por todas o mal, livrarem-se dele, e, mais uma vez e no mesmo instante, "se santificarem".

"Levanta-te para santificar o povo" sempre é a ordem de Deus. "Prostra-te e desanima-te" é sempre a nossa tentação. Temos o sentimento de que é arrogância e até quase impertinência de nossa parte irmos *no mesmo instan-*

te ao Senhor depois de termos pecado contra Ele. É como se tivéssemos de sofrer primeiro as consequências de nosso pecado por um tempo e suportar as acusações de nossa consciência. Dificilmente podemos crer que o Senhor *possa* estar disposto a receber-nos de imediato em sua amorosa comunhão.

Certa vez, uma garotinha expressou este sentimento para mim com a sincera ingenuidade que é típica de uma criança. Ela perguntou se o Senhor Jesus sempre nos perdoava de nossos pecados assim que lhe pedíamos para perdoá-los. Eu lhe disse: "Sim, é claro que Ele perdoa". "*Assim* tão rápido?", ela perguntou, duvidosa. "Sim", respondi, "no momento em que pedimos, Ele nos perdoa". "Bem", ela falou deliberadamente, "não posso crer nisto. Devo pensar que primeiro Ele nos faria lamentar por dois ou três dias. E então nos levaria a pedir-lhe perdão inúmeras vezes, e de um modo conveniente, não simplesmente em uma conversa comum. Creio que *é* assim que Ele faz, e a senhora não precisa tentar me fazer acreditar que Ele me perdoa no mesmo instante, não importa o que a Bíblia diga". Ela somente *disse* o que a maioria dos cristãos *pensa*, e, o que é pior, revelou o modo como a maioria age, fazendo com que seu desânimo e remorso os afastem mais de Deus do que o pecado.

Não obstante, isso é tão oposto ao modo como gostamos que nossos filhos ajam para conosco que eu me pergunto como pudemos ter concebido tal ideia a respeito de Deus. Uma mãe se entristece quando um filho desobediente vai embora sozinho por causa de seu desesperado remorso e duvida de sua disposição em perdoá-lo. Por outro lado, seu coração explode em um amor acolhedor pelo filho arrependido que corre para os seus braços e lhe pede perdão! Certamente o nosso Deus sentiu este ardente amor quando nos disse: "Voltai, ó filhos rebeldes, eu curarei as vossas rebeliões".

O fato é que o mesmo momento que traz a consciência de pecado deve trazer também a confissão e a consciência de perdão. Isso é sobretudo essencial para uma firme caminhada na "vida escondida com Cristo em Deus", pois não se pode tolerar aqui, nem por um instante, nenhuma separação dele.

Só podemos andar neste caminho quando "olhamos continuamente para Jesus", momento após momento. Se os nossos olhos se desviarem dele para se voltarem para o nosso pecado e a nossa fraqueza, sairemos do caminho no mesmo instante. Portanto, quando o cristão que se colocou neste caminho se vir vencido pelo pecado, deve correr com o seu pecado no mesmo instante para o Senhor.

Ele deve agir de acordo com 1João 1.9: "Se confessarmos os nossos pecados, ele é fiel e justo para nos perdoar os pecados e nos purificar de toda injustiça". Ele não deve esconder o seu pecado, nem tentar disfarçá-lo com desculpas, nem arrancá-lo de sua lembrança com o decorrer do tempo. Mas ele deve fazer como fizeram os filhos de Israel: Levantar-se "*de madrugada*" e "*correr*" para o lugar onde está o que está escondido, arrancá-lo de seu esconderijo e colocá-lo "perante o Senhor". Ele deve confessar o seu pecado.

Em seguida, ele deve apedrejá-lo, queimá-lo com fogo, lançá-lo totalmente fora e levantar sobre ele um grande monte de pedras, para que seja para sempre encoberto de seus olhos. Ele deve crer imediatamente que Deus *é*, segundo a sua Palavra, fiel e justo para perdoar-lhe o pecado, e que assim o faz. Além disso, o purifica de toda a injustiça. Deve declarar pela fé o perdão e a purificação imediatos e continuar a confiar mais firme e incondicionalmente.

Assim que o pecado de Israel veio à tona e foi banido, veio imediatamente a Palavra de Deus em forma de uma mensagem de grande incentivo: "Não temas, não te atemorizes... olha que entreguei nas tuas mãos o rei de Ai, e o seu povo, e a sua cidade, e a sua terra". Nossa coragem deve se erguer mais alto do que nunca, e devemos entregar-nos mais completamente ao Senhor para que o seu grande poder possa efetuar em nós "o beneplácito de sua vontade" de um modo mais perfeito.

Além do mais, devemos esquecer o nosso pecado assim que ele é confessado e perdoado. Não devemos insistir nele, nem examiná-lo ou ceder ao prazer da angústia e do remorso. Não devemos colocá-lo em um pedestal e, depois, rodeá-lo e vê-lo de todos os lados, e, com isso, transformá-lo em uma montanha que esconde Deus de nossos olhos. Devemos seguir o exemplo de Paulo e, "esquecendo-[nos] das coisas que para trás ficam e avançando para as que diante de [nós] estão", prosseguir "para o alvo, para o prêmio da soberana vocação de Deus em Cristo Jesus".

Deixe-me lembrar duas ilustrações opostas sobre estas coisas. Uma tem a ver com um cristão fervoroso, um obreiro ativo da igreja, que vivia há vários meses uma experiência de grande paz e alegria. De repente, ele foi vencido pela tentação de tratar indelicadamente um irmão. Supondo que seria impossível cometer tal pecado, ele imediatamente mergulhou no mais profundo desânimo e concluiu que estava totalmente enganado e que nunca havia entrado de fato na vida de total confiança.

Seu desânimo aumentava dia após dia até que se tornou em desespero. Ele concluiu, no final, que nunca havia nascido de novo, e acabou por se considerar um perdido. Passou três anos na total miséria, afastando-se cada vez mais de Deus e sendo, aos poucos, atraído a um pecado após outro, até que sua vida passou a ser uma maldição para si mesmo e para todos os que estavam à sua volta. Sua saúde acabou sob o terrível fardo e, por sua causa, temores foram alimentados.

Ao final dos três anos, ele conheceu uma senhora cristã, que compreendia esta verdade sobre o pecado que estou tentando explicar. Em poucos minutos de conversa ela descobriu o que o afligia e, no mesmo instante, disse: "O senhor pecou naquele ato, não há dúvida, e não quero que tente se desculpar. Mas o senhor nunca o confessou a Deus nem lhe pediu para perdoá-lo?". "Confessá-lo!", ele exclamou. "Ora, parece-me que não tenho feito outra coisa senão confessar e implorar, noite e dia, que Deus me perdoe por todos esses três terríveis anos." "E o senhor nunca creu que Ele o perdoou?", perguntou a senhora. "Não", respondeu o pobre homem, "como eu poderia crer se nunca *senti* que Ele tenha me perdoado?". "Mas suponhamos que Ele tivesse dito que o perdoou. Isso não lhe teria feito tão bem quanto se o senhor o tivesse sentido?" "Oh, sim", respondeu o homem, "se Deus tivesse dito isso, com certeza eu teria crido". "Muito bem, foi isso o que Ele disse", foi a resposta da senhora, recorrendo ao versículo que usamos anteriormente (1Jo 1.9), lendo-o em voz alta. "Ora", ela continuou, "o senhor vem confessando o seu pecado há três anos e, durante todo este tempo, a Palavra de Deus vinha declarando que Ele era fiel e justo para perdoar o seu pecado e purificá-lo. Não obstante, o senhor nunca creu nisso. O senhor vinha 'fazendo de Deus um mentiroso' durante todo este tempo ao se recusar a crer na Palavra de Deus".

O pobre homem compreendeu toda a situação e ficou sem fala diante do espanto e do temor. Quando a senhora propôs que se ajoelhassem e que ele confessasse a sua incredulidade e pecado no passado, clamando pelo perdão e purificação no presente, ele obedeceu como alguém que está em um labirinto. Contudo, o resultado foi maravilhoso. A luz rompeu, suas trevas se dissiparam e ele começou a louvar a Deus em voz alta pela maravilhosa libertação. Em poucos minutos a sua alma pôde, pela fé, voltar da longa e cansativa jornada que vinha fazendo havia três anos. Ele então se viu, mais uma vez, descansando no Senhor e se alegrando na plenitude de sua salvação.

A outra ilustração é o caso de uma senhora cristã, que vinha vivendo na terra da promessa há algumas semanas e que havia tido uma experiência de vitória muito forte. De repente, no final daquele período, ela se deixou vencer por um violento acesso de raiva. Em questão de instantes uma maré de desânimo arrastou a sua alma. Então, veio a tentação: "Está vendo! Isso mostra que tudo não passou de um erro. É claro que você foi enganada e nunca entrou na vida de fé. E agora você também pode desistir de tudo, pois nunca mais se consagrará inteiramente nem confiará plenamente. Está muito claro que esta vida de santidade não é para você".

Estes pensamentos passaram por sua mente em questão de segundos, mas ela estava bem instruída nos caminhos de Deus e disse no mesmo instante: "Sim, eu pequei, e isso é muito triste. Mas a Bíblia diz que, se confessarmos os nossos pecados, Deus é fiel e justo para perdoar-nos os pecados e purificar-nos de toda a injustiça. E eu creio que Ele assim o fará".

Ela não esperou nem mais um minuto. Ainda fervendo de raiva, correu (pois não conseguia andar) para um quarto onde pudesse ficar sozinha e, ajoelhando-se ao lado da cama, disse: "Senhor, eu confesso o meu pecado. Eu pequei; estou pecando neste exato momento. Eu odeio o meu pecado, mas não posso me livrar dele. Eu o confesso a ti com vergonha e confusão. E agora creio que, segundo a tua Palavra, tu perdoas e purificas".

Ela disse estas palavras em voz alta, pois o tumulto em seu íntimo era grande demais para que fossem ditas apenas interiormente. Assim que as palavras "tu perdoas e purificas" passaram por seus lábios, veio a libertação. O Senhor disse: "Haja paz, fique em silêncio!", e houve uma grande calmaria. Uma enchente de luz e de alegria jorrou em sua alma, o inimigo fugiu e ela foi mais que vencedora por meio daquele que a amou.

Toda a situação, o pecado e a cura para o pecado não levaram nem cinco minutos, e seus pés pisaram mais firmemente do que nunca na bendita estrada da santidade. Assim, o "vale de Acor" passou a ser a sua "porta da esperança", e ela cantou novamente e com um significado mais profundo o seu cântico de libertação: "Cantarei ao SENHOR, porque triunfou gloriosamente".

A verdade é que o único remédio, afinal, em toda emergência, é confiar no Senhor. E se é só isso que devemos – e tudo o que podemos – fazer, não é melhor que o façamos neste instante? Muitas vezes fui levada a tomar uma posição quando ouvia a pergunta: "Bem, o que eu *posso* fazer senão confiar?". E percebia, no mesmo instante, a insensatez de procurar libertação em qualquer outro caminho, dizendo para mim mesma: "Já que, no final, terei simplesmente de confiar, por que não confiar de uma vez, agora no começo?". Entramos em uma vida e caminhada de *fé*. Se fracassarmos, a nossa única recuperação estará em uma fé mais firme, e não em uma fé mais fraca.

Que todo fracasso, então, caso haja algum, leve você no mesmo instante ao Senhor com uma entrega mais completa e uma confiança mais perfeita. Se você fizer isso, descobrirá que, por mais triste que seja, o seu fracasso não o tirou da terra do descanso nem interrompeu por muito tempo a sua doce comunhão com Deus.

Uma vez que o fracasso é tratado desta forma, é muito mais provável que a sua reincidência seja evitada do que quando a alma se permite passar por um período de desespero e remorso. Se, no entanto, ele voltar a acontecer, e for tratado da mesma forma, é certo que ficará cada vez menos frequente até desaparecer por completo. Há algumas almas felizes que aprendem toda a lição de uma vez, mas a bênção também está sobre aquelas que dão passos mais lentos e têm uma vitória mais gradativa.

Tendo mostrado como se libertar do fracasso, eu agora gostaria de falar um pouco sobre as causas do fracasso nesta vida de plena salvação. As causas não estão na força da tentação, em nossa própria fraqueza, nem, acima de tudo, em alguma ausência de poder ou disposição de nosso Salvador em salvar-nos. A promessa feita a Israel foi positiva: "Ninguém te poderá resistir todos os dias da tua vida". E a promessa que temos é igualmente positiva: "Deus é fiel e não permitirá que sejais tentados além das vossas forças; pelo contrário, juntamente com a tentação, vos proverá livremente, de sorte que a possais suportar".

Os homens de Ai eram "poucos" e, não obstante, o povo que havia conquistado a poderosa cidade de Jericó "[fugiu] diante dos homens de Ai".

Não foi a força de seus inimigos, nem uma falha de Deus. A causa de sua derrota estava em alguma outra parte, e o próprio Senhor declara: "Israel pecou, e violaram a minha aliança, aquilo que eu lhes ordenara, pois tomaram das coisas condenadas, e furtaram, e dissimularam, e até debaixo da sua bagagem o puseram. Pelo que os filhos de Israel não puderam resistir aos seus inimigos; viraram as costas diante deles". Foi um pecado oculto que os venceu. Enterrado no chão, em uma tenda sombria daquele vasto exército, estava escondido algo contra o qual Deus contendia. E esta coisa oculta fez com que todo o exército ficasse impotente diante de seus inimigos. "Há coisas condenadas no vosso meio, ó Israel; aos vossos inimigos não podereis resistir, enquanto não eliminardes do vosso meio as coisas condenadas."

A lição aqui é simplesmente esta: qualquer coisa que afaguemos no coração que seja contrária à vontade de Deus, por mais que pareça insignificante ou esteja escondida lá no íntimo, irá levar-nos a cair diante de nossos inimigos. Qualquer raiz consciente de amargura alimentada contra outra pessoa, qualquer interesse próprio, qualquer julgamento severo, qualquer negligência no sentido de obedecer à voz do Senhor, quaisquer hábitos ou circunstâncias duvidosos – estas coisas ou qualquer uma delas conscientemente toleradas, irão, com efeito, enfraquecer e paralisar a nossa vida espiritual.

Talvez tenhamos escondido o pecado no recôndito de nosso coração, e o tenhamos ocultado de nossos olhos, recusando-nos até a reconhecer a sua existência, embora não possamos deixar, o tempo todo, de ter consciência de que ele está ali. Talvez o ignoremos com firmeza, e persistamos com declarações de consagração e plena confiança. Talvez estejamos mais fervorosos do que nunca em nossos deveres religiosos e tenhamos os olhos do nosso entendimento cada vez mais abertos para a verdade e a beleza da vida e da caminhada de fé. Talvez tenhamos a aparência, para nós mesmos e para os outros, de que alcançamos uma posição quase inconquistável de vitória e, não obstante, nos vemos sofrendo amargas derrotas. Talvez nos admiremos, questionemos, nos desesperemos e oremos. Nada fará bem algum até que o que está errado seja desenterrado de seu esconderijo, trazido à tona e colocado na presença de Deus.

Portanto, no momento em que um cristão que está andando nesta vida interior se depara com uma derrota, ele deve, no mesmo instante, procurar a causa, não na força daquele inimigo específico, mas em algo que está por trás – alguma falta de consagração oculta que esteja no centro de seu ser. Assim como uma dor de cabeça não é uma doença propriamente dita, mas apenas um sintoma de uma doença situada em alguma outra parte do corpo, o fracasso em tal cristão é apenas o sintoma de um mal escondido provavelmente em uma parte muito diferente de sua natureza.

Às vezes o mal pode estar escondido até naquilo que, à primeira vista, parece bom. Sob o visível zelo pela verdade pode estar escondido um espírito judicioso, ou uma sutil inclinação para o nosso próprio entendimento. Sob a visível fidelidade cristã pode estar escondida uma ausência de amor cristão. Sob um cuidado visivelmente justo de nossos negócios pode estar escondida uma grande falta de confiança em Deus. Creio que nosso bendito Guia, o Espírito Santo que habita em nós, está sempre descobrindo secretamente estas coisas para nós por meio de pequenos e constantes exames e dores de consciência, de modo que fiquemos sem desculpas. Mas é muito fácil desprezar a sua doce voz e insistir com nós mesmos que tudo está bem, enquanto o pecado fatal continua escondido em nosso meio, causando derrota nas partes mais inesperadas.

Uma excelente ilustração sobre isso ocorreu-me certa vez em meus afazeres domésticos. Havíamos nos mudado para uma casa nova e, ao examiná-la para ver se estava pronta para ser ocupada, notei no celeiro um barril de vinho aparentemente muito limpo, e fechado de ambos os lados. Pensei comigo mesma se deveria tirá-lo do celeiro e abri-lo para ver o que tinha dentro, mas decidi, uma vez que ele parecia vazio e limpo, deixá-lo ali, principalmente por causa do trabalho que teria para subir as escadas com ele. Não fiquei sossegada, mas deixei de lado meus escrúpulos e o deixei ali.

DIFICULDADES ACERCA DOS FRACASSOS

Toda primavera e todo outono, quando chegava o tempo de fazer uma limpeza na casa, eu me lembrava daquele barril com uma pequena dor em minha consciência como dona-de-casa, sentindo que não conseguiria parar de pensar em uma casa perfeitamente limpa enquanto o barril permanecesse fechado. Como saber se, sob seu aspecto exterior, não havia algum mal oculto? Eu conseguia acalmar meus escrúpulos neste sentido sempre pensando na dificuldade que seria investigar o assunto. E, por dois ou três anos, o barril aparentemente inocente ficou intacto em nosso celeiro.

Então, inexplicavelmente, traças começaram a encher a nossa casa. Tomei toda precaução possível e fiz tudo o que estava ao meu alcance para acabar com elas, mas foi em vão. Elas proliferavam rapidamente e ameaçavam destruir tudo o que tínhamos. Imaginei que a causa fosse os nossos tapetes, e os submeti a uma limpeza completa. Pensei na nossa mobília, e mandei estofá-la novamente. Suspeitei de tudo, de coisas impossíveis. Por fim, veio-me à mente o barril. No mesmo instante, mandei que o tirassem do celeiro e o abrissem, e milhares de traças se esparramaram. O antigo inquilino da casa havia fechado o barril com alguma coisa dentro que serviu para ajudar as traças a procriarem, e esta foi a causa de todo o meu problema.

Creio que, da mesma forma, algum hábito ou indulgência aparentemente inocentes, algo visivelmente seguro e sem importância sobre o qual temos de vez em quando pequenos remorsos – algo que não vem claramente à tona, nem é investigado sob o olhar agudo de Deus – está na raiz de grande parte dos fracassos nesta vida interior. Nem *tudo* foi entregue. Algum canto secreto permanece fechado, impedindo a entrada do Senhor. Algum pecado está oculto no fundo do nosso coração e, portanto, não podemos permanecer diante de nossos inimigos, mas nos vemos esmagados em sua presença.

Para evitarmos o fracasso ou descobrirmos a sua causa, se acharmos que fracassamos, é necessário que tenhamos sempre diante de nós esta oração: "Sonda-me, ó Deus, e conhece o meu coração, prova-me e conhece os meus pensamentos; vê se há em mim algum caminho mau e guia-me pelo caminho eterno".

Não quero, no entanto, que vocês pensem que creio no fracasso só porque falei sobre ele. Ele não é nem um pouco necessário. O Senhor Jesus *é* capaz de livrar-nos das mãos de nossos inimigos para que "o [adoremos] sem temor, em santidade e justiça perante ele, todos os nossos dias". Oremos, então, cada um de nós, dia e noite:

"Senhor, guarda-nos de pecar e faze-nos testemunhas vivas do teu grande poder para salvar totalmente. E nunca deixe que nos contentemos até que sejamos tão maleáveis em suas mãos e tenhamos aprendido a confiar a ponto de sermos capazes de '[nos aperfeiçoar] em todo o bem, para [cumprirmos] a sua vontade, operando em [nós] o que é agradável diante [de ti], por Jesus Cristo, a quem seja a glória para todo o sempre. Amém!'."

Capítulo 12

DEUS ESTÁ EM TODAS AS COISAS?

UM DOS MAIORES OBSTÁCULOS para uma experiência completa na vida interior é a dificuldade de vermos Deus em todas as coisas. As pessoas dizem: "Eu posso facilmente me submeter a coisas vindas de Deus, mas não posso me submeter ao homem, e a maior parte das minhas provas e tentações vem através de aspectos humanos". Ou argumentam: "É fácil falar, mas quando eu entrego uma questão a Deus, os homens complicam e desarranjam tudo. Eu não tenho nenhuma dificuldade em confiar em Deus, mas simplesmente não consigo confiar nos homens".

Este não é um problema hipotético, mas de importância vital. E se não for resolvido, realmente torna a vida de fé uma teoria impossível e visionária, pois praticamente todas as coisas da vida chegam até nós através de instrumentos humanos, e a maior parte de nossas provas são resultados do erro, ignorância, indiferença ou pecado de alguém. Nós sabemos que Deus não pode ser o autor destas coisas e, por outro lado, a não ser que Ele seja o agente dessa questão, como podemos dizer "Seja feita a tua vontade"?

Além disso, que benefício há em entregar a Deus nosso futuro se, ao fim das contas, permitimos que o homem se intrometa no assunto e modifique todo o resultado? E como é possível viver pela fé, se as condições humanas, que seríamos tolos em confiar, têm um papel tão importante no processo de moldagem de nossas vidas?

Mais ainda, as coisas em que podemos ver a atuação de Deus sempre possuem uma doçura que nos consola, ao mesmo tempo em que nos ferem. Mas as provações infligidas pelos homens não possuem nada além de amargura.

Devemos então ver Deus em todas as coisas, e receber tudo diretamente de suas mãos, sem intervenção de outras partes; e é exatamente isso que precisamos fazer antes que possamos ter uma experiência arrebatadora de total entrega e plena confiança. Nossa entrega deve ser a Deus, e não ao homem. Nossa confiança deve ser depositada nele, e não em carne ou sangue, ou então falharemos na primeira prova.

A questão que nos confronta é a seguinte: "Mas se Deus está em todas as coisas, temos qualquer garantia das Escrituras que recebemos tudo diretamente das suas mãos, sem intervenção de outras partes, que talvez sejam o instrumento de entrega dessas coisas?". Minha resposta é sim, sem sombra de dúvida. Para os filhos de Deus, tudo flui diretamente das mãos de seu Pai, não importando quem ou o que seja o instrumento aparente. Não há "outras partes" para eles.

Todos os ensinamentos das Escrituras afirmam e confirmam isso. Nenhum pardal morre sem que o Pai saiba. Até mesmo o número de cabelos de sua cabeça Ele sabe. Não precisamos nos preocupar com nada, porque nosso Pai cuida de nós. Não devemos buscar vingança por conta própria, porque nosso Pai se encarregou de nos defender. Não devemos temer, porque o Senhor está do nosso lado. Ninguém pode nos enfrentar, porque Ele está conosco. Nós não passamos necessidade, porque Ele é o nosso Pastor. Quando atravessarmos rios, não nos afogaremos, e quando andarmos sobre o fogo, não nos queimaremos, porque estará conosco. Ele fecha a boca de leões para que não nos firam. "Ele liberta e resgata." "Ele muda os tempos e as estações; Ele destrona reis e entroniza reis." O coração do homem está em suas mãos e, "como os rios de água, Ele o move da forma que quiser". Ele governa sobre todos os reinos dos ímpios, e em sua mão está toda força e poder, "e ninguém pode confrontá-lo". "Ele controla a fúria do mar; quando as ondas se levantam, Ele as acalma." Ele "torna em loucura o conselho dos ímpios; torna inúteis as artimanhas do povo". "O Senhor faz o que lhe agrada, nos céus e na terra, no mar e nos abismos profundos."

Este é o mesmo Deus que declarou ser "nosso refúgio e fortaleza, socorro bem presente na angústia. Portanto, não devemos temer, ainda que a terra desapareça, ainda que os montes se lancem ao mar; ainda que as águas se agitem, ainda que as montanhas tremam". "Eu direi do Senhor: Ele é o meu refúgio e minha fortaleza; meu Deus; nele confiarei. Ele me livrará da armadilha do passarinheiro. Ele me cobrirá com suas asas, e debaixo de suas asas estarei seguro."

Para mim, estas passagens, e muitas outras semelhantes, acabam de uma vez com a questão sobre o poder das "outras partes" na vida dos filhos de Deus. As outras partes estarão sob o controle de nosso Pai, e nenhuma delas pode nos tocar sem o seu conhecimento e consentimento. Pode até ser o pecado do homem que origine a ação e, portanto, não pode ser considerada da vontade de Deus. Mas quando ela nos atinge, se torna a vontade de Deus para nós, e deve ser aceita como vinda diretamente de suas mãos. Nenhum homem, nenhum poder na terra ou nos céus pode tocar aquela alma que está em Cristo sem primeiro entrar em sua presença e receber seu selo de permissão. Se Deus é por nós, não importa quem seja contra nós; nada pode nos perturbar ou ferir, a não ser que Ele veja que isso é o melhor para nós e abra caminho para que nos atinja.

O cuidado de um pai terreno para com seu filho indefeso é uma perfeita ilustração de tudo isso. Se o filho está nos braços do pai, nada pode tocá-lo sem o seu consentimento, a não ser que ele seja impotente para impedir. E mesmo se este for o caso, ele sofrerá o dano em si mesmo antes de permitir que seu filho seja atingido. Se um pai terreno mostra esse cuidado com seu filho indefeso, muito mais o nosso Pai Celestial, cujo amor é infinitamente maior, e cuja força e sabedoria nunca podem ser igualadas, cuida de nós!

Creio que existam algumas pessoas, até mesmo entre os próprios filhos de Deus, que pensam que Ele é igual a nós em ternura, amor e cuidado. E também em seus pensamentos acusam-no de negligência e indiferença naquilo que se imaginam incapazes de fazer. A verdade é que seu cuidado é infinitamente superior a quaisquer possibilidades do cuidado humano. E Ele, que conta até mesmo os fios de cabelo de nossas cabeças, e não permite que nenhum pardal morra sem o seu consentimento, toma conta das menores coisas que podem afetar as vidas de seus filhos. Ele as controla de acordo com a sua perfeita vontade, quaisquer que sejam as suas origens.

Os exemplos disso são inumeráveis. Veja José. O que poderia ser aparentemente mais fora da vontade de Deus e completamente dominada pelo pecado do que a ação de seus irmãos ao vendê-lo como um escravo? E mesmo assim José, ao falar sobre isso, disse: "Vocês pensavam estar fazendo o mal; mas Deus pensava o bem. Agora, portanto, não se entristeçam, nem fiquem com raiva de si mesmos por terem me vendido; pois Deus me enviou antes de vocês para preservar as suas vidas".

Sem dúvida havia pecado nas ações dos irmãos de José, mas quando elas o alcançaram já tinham se tornado a vontade de Deus para ele. E foi, apesar de não ser possível detectar no momento, a maior bênção que ele recebeu em toda a sua vida. Assim, vemos como Deus pode transformar até mesmo "a ira do homem em louvor a Ele" e como todas as coisas, até mesmo o pecado dos outros "cooperam para o bem daqueles que o amam".

DEUS ESTÁ EM TODAS AS COISAS?

Aprendi essa lição na prática e na vivência, muitos anos antes de conhecer as verdades espirituais relativas a ela. Estava participando de um encontro de oração que tinha como tema os interesses de uma vida de fé, quando uma mulher que eu não conhecia se levantou para falar. Eu olhei para ela, me perguntando quem seria, sem sequer pensar que receberia dela uma mensagem para minha alma que me ensinaria uma grande lição prática.

Ela disse que estava enfrentando grandes dificuldades para viver uma vida de fé, porque parecia que outras partes controlavam quase todos os aspectos de sua vida. Sua perplexidade se tornou tão grande que começou a pedir a Deus para lhe dizer a verdade sobre isso, se Ele estava realmente em todas as coisas ou não. Depois de orar sobre o assunto durante alguns dias, ela teve o que descreveu como uma visão. Ela pensou que estava num lugar totalmente escuro e que, à distância, um ponto de luz se movia em sua direção. E esta luz foi crescendo, até envolvê-la completamente. À medida que se aproximava, uma voz dizia: "Esta é a presença de Deus! Esta é a presença de Deus!".

Enquanto estava envolvida com esta presença, todas as coisas terríveis da vida passaram a sua frente – guerras, homens violentos, animais ferozes, tempestades, pestes, pecado e sofrimento de todo tipo. À princípio, ela se encolheu horrorizada, mas logo viu que a presença de Deus a envolvia, e a cada uma dessas coisas, de modo que nem um leão podia mover sua pata e nem uma bala podia ser disparada a não ser que a presença de Deus se movesse e permitisse isso.

E aquela mulher viu que mesmo onde havia uma fina camada dessa gloriosa presença entre ela e a mais terrível violência, nem um cabelo de sua cabeça se movia, nem nada podia atingi-la, a não ser que aquela presença se dividisse para deixar o mal passar. Então, todas as coisas pequenas e irritantes da vida também passaram a sua frente. E da mesma forma ela viu que havia sido envolvida pela presença de Deus e que nem um olhar atravessado, nenhuma palavra ríspida ou nenhuma provação de qualquer tipo podia atingi-la, a não ser que a presença de Deus se movesse do caminho para permitir.

Sua dificuldade então desapareceu. Sua pergunta foi respondida para sempre. Deus *estava* em tudo e, para ela, portanto, não havia outras partes. Ela viu que a sua vida provinha diretamente das mãos de Deus, dia a dia, hora a hora, mesmo parecendo que outras partes a controlassem. Nunca mais ela teve qualquer dificuldade para se submeter à vontade de Deus e confiar inteiramente em seu cuidado.

Como eu gostaria que fosse possível fazer todos os crentes verem esta verdade tão claramente como eu! Pois estou convencida que este é o único caminho para uma vida completamente tranquila. Não há nada que permita mais que uma alma viva somente focada no presente, como Deus nos manda viver, e a não ficar ansiosa com o dia de amanhã. Não há nada que remova mais todos os riscos e "suposições" da vida de um crente e permita que ele diga: "Certamente a bondade e a misericórdia me seguirão todos os dias da minha vida". Sob o cuidado de Deus não corremos nenhum risco.

Certa vez, ouvi a história de uma mulher pobre que lutava para ter uma vida razoável com um salário miserável, mas era uma cristã alegre e triunfante. "Ah, Nancy", lhe disse uma triste senhora cristã um dia, que quase desaprovava sua constante alegria, mas na verdade a invejava – "Eu até entendo que esteja feliz agora, mas acho que você deveria pensar no seu futuro. Vamos supor, por exemplo, que você fique doente e incapaz de trabalhar, ou que seus patrões se mudem para outra cidade e ninguém mais a empregue; ou talvez...". "Pare!", disse Nancy, "Eu não vivo de suposições. O Senhor é o meu pastor, e eu sei que nada me faltará". "E querida", ela acrescentou à sua amiga triste, "são todas essas suposição que estão lhe fazendo ser tão miserável. Você deveria parar com isso e simplesmente confiar no Senhor".

Nada pode nos tornar mais amorosos e pacientes com aqueles que nos perturbam e prejudicam do que esta visão de que Deus está em todas as coisas. Essas pessoas serão, para nós, somente instrumentos para que os tenros e sábios propósitos de Deus sejam realizados. E até mesmo nos veremos agradecendo interiormente pelas bênçãos que estão nos trazendo.

DEUS ESTÁ EM TODAS AS COISAS?

Nada vai acabar mais completamente com toda a murmuração ou pensamentos rebeldes. Os cristãos geralmente se sentem livres para murmurar contra os homens, quando não se atrevem a murmurar contra Deus. Portanto, esta forma de visualizar as coisas, como todas vindas de Deus, torna impossível a murmuração. Se nosso Pai permite que uma prova nos atinja, esta prova certamente é a melhor e mais doce coisa que poderia nos acontecer, e devemos aceitá-la com gratidão. Isso não significa, entretanto, que precisamos gostar ou apreciar a prova em si mesma, mas que devemos apreciar a vontade de Deus embutida nela. E não é difícil fazermos isso quando tivermos aprendido a reconhecer que sua vontade é uma vontade de amor e, portanto, sempre amorosa.

Uma boa ilustração disso pode ser encontrada na conhecida ação de uma mãe dando remédio para o seu amado filho. O frasco *contém* o remédio, mas a mãe o *ministra*; o frasco não é o responsável, e sim a mãe. Não importa quantos remédios a mãe tenha no armário. Ela nunca permitirá que mesmo uma gota seja dada ao filho a não ser que tenha certeza que isso será para o bem dele. Mas quando ela crê que o remédio será bom para seu filho, o seu amor a compele a até mesmo forçar que ele tome-o, não importando o quão amargo o remédio seja.

Os seres humanos ao nosso redor frequentemente são os frascos que contêm o nosso remédio, mas é a mão de amor do nosso Pai que ministra o medicamento e nos compele a bebê-lo. Os frascos humanos são as "outras partes" na nossa prova, mas não os agentes reais dela. O medicamento que esses "frascos" humanos carregam é prescrito e ministrado pelo Grande Médico de nossas almas, que está buscando curar todas as nossas doenças espirituais.

Eu não conheço, por exemplo, um remédio melhor para curar a doença da irritabilidade do que ser compelido a viver com um "frasco" humano de sensibilidade, a quem tenhamos que considerar e nos submeter.

Então devemos nos rebelar contra os frascos humanos? Não devemos receber agradecidos da mão de nosso Pai o medicamento que eles contêm e, esquecendo-nos dos efeitos colaterais, dizer alegremente "Seja feita a sua vontade", em tudo o que recebemos, não importando qual seja a fonte?

Esta forma de vermos nosso Pai em todas as coisas torna a vida uma constante ação de graças, nos dá um coração seguro e, mais que isso, uma alegria de espírito que é indescritível.

Faber diz, em seu maravilhoso hino sobre a vontade de Deus:

"Eu não sei o que é duvidar,
Meu coração sempre alegre está.
Não corro riscos, pois, a sua vontade
É que guia meus caminhos."

Deus, portanto, possui sua própria forma de lidar com aqueles que se entregam a Ele numa confiança perfeita, e os guia aos verdes pastos da paz interior, junto ao abençoado ribeiro de águas tranquilas.

Se a vontade de Deus é a nossa vontade, e se Ele sempre possui o melhor caminho, confiar nele deve ser nosso alvo, e então reinaremos num reino perfeito. Aquele que segue seu caminho ao lado de Deus sempre vence todas as provas. E mesmo sendo o resultado delas alegria ou tristeza, fracasso ou sucesso, morte ou vida, nós podemos também bradar o grito de vitória do apóstolo: "Graças a Deus, que nos faz triunfar em Cristo!".

A vontade de Deus*

Quão doce e amada é vontade de Deus
Meu porto seguro, minha fortaleza,

O refúgio da minha alma, abrigo fiel.
Nela me protejo, e estou seguro.

Ó Vontade, que somente deseja o bem.
Guia-me em teus caminhos, o que tens é o meu para mim.
Como uma criança eu prossigo,
Descanso seguro em teus braços.

Tua bela e doce Vontade, meu Deus,
Em teu sublime abraço me acolhe,
Minha vontade, cativa, feliz ave
Presa no maravilhoso plano da graça.

Dentro deste local de bondade absoluta,
O amor expande ainda mais as suas asas.
Ou, aninhada nesta perfeita escolha,
Habita feliz com o que ela traz.

Ó, doce fardo, leve jugo,
Ele eleva, inunda minha alma,
Dá asas a este pobre coração.
Minha liberdade é me entregar ao teu controle.

Sobre a vontade de Deus eu me reclino,
Assim como o filho no colo de sua mãe.

Nenhum travesseiro de seda, nem a cama mais macia,
Jamais poderiam me dar tamanho descanso.

Tua maravilhosa, grande vontade, meu Deus,
Com triunfo agora eu torno minha,
E sempre direi sim, ó sim,
A cada mandamento dela para mim.

* De "Hinos de consagração"

Capítulo 13

ESCRAVIDÃO OU LIBERDADE

É FATO, SEM A menor sombra de dúvida, que existem dois tipos de experiências cristãs: uma que é uma vida de escravidão e outra que é uma vida de liberdade.

No primeiro caso a alma é controlada por um rígido senso de dever, e obedece a lei de Deus seja por medo de uma punição ou pela expectativa de uma recompensa. No outro caso, o poder controlador é um princípio de vida interior, que mostra pela força de seu próprio movimento ou instintos a vontade do Divino Doador da Vida, sem o medo da punição ou esperança da recompensa. No primeiro, o cristão é um servo e trabalha por um salário; no segundo, ele é um filho e trabalha por amor.

Não deveria haver, é verdade, este contraste na vida cristã, pois o "andar em liberdade" é simplesmente a única condição normal e verdadeira. Mas temos que lidar com esta outra condição em que vivem muitos dos filhos de Deus, que estão perdendo grande parte de sua vida cristã por causa do legalismo. A cura para esta situação, que é Cristo, não é difícil de ser encontrada.

Em nenhum outro lugar encontramos estes dois estágios da vida cristã mais completamente desenvolvidos e contrastados do que na epístola aos Gálatas. Ela foi escrita porque alguns irmãos judeus tinham visitado as igrejas da Galácia e, ao afirmar que certos ritos e cerimônias eram necessários para a salvação, tentaram afastar os crentes da Galácia para longe da liberdade do evangelho. E junto com esses irmãos estava Pedro. Portanto, Paulo reprova não somente os gálatas, mas também a Pedro.

Pedro e os gálatas não cometeram qualquer pecado moral, mas tinham cometido um pecado espiritual. Eles tinham uma disposição de alma errada em relação a Deus – uma atitude legalista. Eles tinham começado, como os cristãos geralmente começam, com uma atitude correta, ou seja, eles tinham a vida espiritual por "ouvir da fé". Mas quando chegaram ao ponto em que tinham de decidir como iriam viver esta vida, mudaram o seu alicerce. Queriam substituir a fé pelas obras. Tendo "começado no Espírito", eles agora buscavam "ser perfeitos pela carne". Eles tinham, na verdade, regredido em sua vida cristã do plano da vida para o plano da lei.

Há uma ilustração que pode ajudar a entendermos essa situação. Imagine dois homens que não roubam. Exteriormente, suas ações parecem igualmente honestas. Mas interiormente, existe uma diferença vital. Um homem possui uma natureza desonesta, quer roubar e é detido somente pelo medo da punição. O outro possui uma natureza honesta, odeia o roubo e não pode ser induzido ao erro mesmo tendo em vista alguma recompensa. Um é honesto em espírito; o outro, somente na carne. Não é necessário dizer em qual dos dois está o exemplo de uma vida cristã correta.

Nós somos, entretanto, continuamente tentados a esquecer que a questão vital não é o que o homem *faz*, e sim o que ele *é*. Em Cristo Jesus, não é da observância da lei nem da sua não observância que tiramos proveito, mas em nos tornarmos "uma nova criatura". Deus está muito mais preocupado com nós *sermos* realmente "novas criaturas" do que com qualquer outra coisa. Ele sabe que, se *somos* corretos em nosso ser interior, certamente *agiremos* exteriormente de acordo com essa concepção. Nós podemos, é verdade, fazer o *bem* sem sermos *bons*; e é evidente que qualquer ação assim não possui nenhuma validade. Portanto, o essencial é o caráter. A *ação* só é válida como uma indicação do *ser*.

Paulo estava triste com os gálatas porque eles pareciam ter perdido de vista a verdade vital de que a vida interior, a "nova criatura", era a única coisa válida. Eles tinham começado nesse patamar, mas então "caíram da graça" para um plano inferior, onde a lei substituiu o espírito. "Cristo se tornou inútil para vocês, pois qualquer que seja justificado pela lei; cai da graça."

Esta passagem é a única vez em que a expressão "caiu da graça" é usada no Novo Testamento. Ela significa que os gálatas tinham cometido o erro de pensar que outra coisa, além de Cristo, era necessária para viverem uma vida cristã correta. Os irmãos judeus, que tinham vindo ao seu meio, lhes ensinaram que somente Cristo não era suficiente, e que a obediência à lei cerimonial devia ser acrescentada.

Eles tinham importado, como coisa necessária à salvação, algumas cerimônias dos rituais judaicos, e tentaram fazer os "gentios viverem como os judeus". Os cristãos modernos se surpreendem com essa atitude, e se perguntam como eles podiam ser tão legalistas. Mas não existe a mesma tentação ao legalismo, sob uma diferente forma, entre os cristãos modernos? *Eles* acrescentaram a lei cerimonial; *nós* acrescentamos resoluções, a frequência à igreja, cerimônias religiosas de um tipo ou de outro. Qual é a diferença entre nós e eles? Não faz muita diferença o que é adicionado; o errado é a adição de qualquer coisa.

Nós condenamos a "religião dos judeus" porque ela "frustra a graça de Deus" e torna a morte de Cristo vã, ao se apoiar em obras e cerimônias exteriores para trazer salvação. Mas temo que exista uma grande quantidade dessa "religião dos judeus" misturada com a religião cristã atualmente, assim como estava entre os gálatas, e que a graça de Deus seja tão frustrada hoje por nossa própria legalidade quanto a deles foi, apesar de a nossa talvez se manifestar de uma forma um pouco diferente.

Os seguintes contrastes talvez ajudem a compreender a diferença entre estes dois tipos de religião e também nos permitam descobrir onde o segredo de nossa própria experiência de submissão à lei reside:

A lei diz, *faça* isso e viverá

O evangelho diz, *viva*, e então faça.

A lei diz, *pague-me* o que deve.

O evangelho diz, Eu verdadeiramente *perdoo* você.

A lei diz, *construa* um novo coração e um novo espírito.

O evangelho diz, um novo coração Eu lhe *dou*, e um novo espírito coloco em você.

A lei diz, ame ao Senhor teu Deus de todo o seu coração, de toda a tua alma e de todo o teu entendimento.

O evangelho diz, isso é o amor, não que nós amemos a Deus, mas Ele nos amou e enviou seu filho para ser propiciação pelos nossos pecados.

A lei diz, *maldito* é todo aquele que não observar todas as coisas escritas no livro da lei.

O evangelho diz, *abençoado* é o homem cujas iniquidades são perdoadas, e cujos pecados são encobertos.

A lei diz, o *salário* do pecado é a morte.

O evangelho diz, o *dom* gratuito de Deus é a vida eterna através de Jesus Cristo nosso Senhor.

A lei *exige* santidade.

O evangelho *concede* santidade.

A lei diz, *faça*.

O evangelho diz, *feito*.

A lei *exorta* o serviço obrigatório de um escravo.

O evangelho *ganha* o serviço amoroso de um filho e um homem livre.

A lei torna as bênçãos resultado da *obediência*.

O evangelho torna a obediência o resultado das *bênçãos*.

A lei coloca o dia de descanso ao fim da semana de trabalho.

O evangelho o coloca no começo.

A lei diz, *se*.

O evangelho diz, *portanto*.

A lei foi dada para restringir o velho homem.

O evangelho foi dado para trazer liberdade ao novo homem.

Sob a lei, a salvação era um *salário*.

Sob o evangelho, a salvação é um *presente*.

Esses dois tipos de vida religiosa começam em direções exatamente opostas. A religião da legalidade é como um homem que decide ter um campo de macieiras. Ele começa pela escolha de algumas maçãs do tipo desejado, e então as deposita nos galhos de uma árvore. Depois, coloca as raízes dela num pedaço de terra para então comprar um campo e plantar essa árvore confeccionada por ele. Ou seja, primeiro o fruto, depois os galhos, a raiz e o campo. Mas a religião da graça segue uma ordem diferente. Ela começa pelas raízes, cresce, floresce e dá frutos.

Paulo diz que a lei nos ensina, mas não nos salva. E ele enfatiza que ela nos ensina somente com o propósito de nos trazer para mais perto de Cristo, pois, depois que temos a fé em Cristo, não estamos mais sob a lei. Para ilustrar, ele apresenta o contraste entre um servo e um filho. "Portanto", ele diz, "Vocês não são mais servos, mas filhos". E ele nos roga, por causa disso, "a permanecer na liberdade na qual Cristo nos fez livres, e a não sermos novamente presos ao jugo da servidão".

É como uma serva em uma casa, que recebia pelo seu trabalho com um salário semanal e que estava sob a lei de seu mestre. Ela tentava agradar, mas o seu serviço era somente fruto de obrigação. Finalmente, entretanto, o mestre ofereceu a ela o seu amor, a tirou da servidão, a tornou como sua noiva e compartilhou sua fortuna. Imediatamente o seu espírito de serviço foi transformado. Ela talvez continue a fazer as mesmas coisas que fazia antes, mas agora as executa por um motivo completamente diferente. O velho senso de obrigação se perde num novo sentido de amor. A fria palavra "mestre" é transformada na amorosa palavra "marido". "E chegará o dia, diz o Senhor, em que me chamarão de marido, e não mais de meu Senhor".

Mas imagine essa noiva, depois de um tempo, relembrando seu estado anterior. Sentindo-se esmagada pelas lembranças, ela começa a considerar-se tão indigna da união com seu marido, que perde, consequentemente, o senso interior desta união. Quem pode duvidar que rapidamente o antigo senso de obrigação não suplantará o novo de servir por amor, e o espírito do antigo nome "meu mestre" não tomará o lugar do novo nome "meu marido"?

Nós achamos isso um absurdo, é claro. Mas não é exatamente o que acontece com muitos cristãos atualmente? O serviço da obrigação toma o lugar do serviço de amor, e Deus passa a ser visto como o duro mestre que exige nossa obediência, em vez de um Pai amoroso que a ganha.

Todos nós sabemos que nada destrói tanto a doçura de qualquer relação do que o crescimento deste espírito legalista. No momento em que um marido e esposa param de servir ao outro com um coração de amor e união, e começam a fazer tudo com um senso de obrigação, a doçura da união se perde e o laço matrimonial se torna um fardo. Momentos que antes eram alegres se tornam como o carregar de cruzes.

Esta é a base da ideia de "tomar a cruz" na igreja cristã. Nós pensamos que isso se refere a algo que temos que fazer, mas que não queremos. E nós achamos que este serviço é bem visto aos olhos de Deus, apesar de todos sabermos bem que não o aceitaríamos se ele fosse dirigido a nós.

Que esposa iria se alegrar se seu marido usasse com ela a mesma linguagem que os cristãos continuamente usam com Deus? Se ele dissesse, por exemplo, a cada manhã, quando fosse para o trabalho: "Estou indo trabalhar para você hoje, mas eu gostaria que soubesse que esta é uma grande cruz para eu carregar, e não sei como suportá-la". Ou qual marido gostaria de tal linguagem vinda de sua esposa? Não é de se estranhar que Paulo tenha se alarmado quando descobriu que havia o perigo de um espírito de legalismo na igreja de Cristo!

Os cristãos legalistas não negam Cristo, eles somente procuram acrescentar algo a Ele. Sua ideia é – Cristo e algo mais. Talvez seja Cristo e boas obras, Cristo e as doutrinas ou Cristo e certas práticas religiosas. Tudo isso é bom em si mesmo e bom como resultado ou frutos da salvação. Mas para adicionar algo a Cristo, não importa o quão bom isso seja. Como requisito para salvação, é negar a completude dele e buscar a exaltação do homem.

O homem aceita sacrifícios dolorosos se isso o livra do desespero, desilusão e senso de inutilidade. Ele alegremente se tornaria um faquir, se isso lhe trouxesse um pouco de glória. E a religião da servidão sempre exalta o indivíduo. É sempre o que *eu* faço – *meus* esforços, *minhas* lutas, *minha* fidelidade. Mas a religião da liberdade não deixa nada para o indivíduo se gloriar. Tudo é em Cristo, o que Ele faz, o que Ele é e como maravilhosamente salva. O filho não se vangloria de si mesmo, mas de seu pai e da sua mãe. E nossas almas podem se gloriar no Senhor, quando nesta vida de liberdade aprendemos que Ele, e só Ele, é suficiente para suprir todas as nossas necessidades.

Nós somos filhos de Deus, e, portanto, seus herdeiros. Nossas posses nos são dadas não pelas nossas obras, mas pela herança que temos em nosso Pai. E, queridos amigos, como alguns de vocês têm agido pouco como "herdeiros de Deus"! Como estão sendo atingidos pela pobreza, e como vocês trabalham arduamente pelo pouco que possuem!

Talvez possamos apontar os resultados de suas obras legalistas e seu asceticismo, que aparentemente possuem uma "mostra de sabedoria na vontade de adorar e humildade e negligência do corpo", como sendo uma prova de retidão de suas ações. Mas estou convencida que qualquer resultado bom que aconteça, acontece apesar, e não por causa, de suas obras legalistas.

Eu tinha uma amiga cuja vida cristã era uma vida de servidão. Ela trabalhava mais duramente por sua salvação do que qualquer escrava jamais trabalhou para comprar a sua liberdade. Entre muitas outras coisas, ela achava que seu dia estaria arruinado se não o começasse com uma longa sessão de lutas e conflitos. Um dia, nós estávamos conversando sobre isso, e ela me contava sobre o quanto era dura a sua vida cristã e como se sentia aprisionada. Ela se perguntava o que a Bíblia queria dizer ao afirmar que o jugo de Cristo era doce e o seu fardo leve. Eu lhe disse que achava que ela tinha se equivocado no meio do caminho, e que a Bíblia sempre expressava a verdade de nossos relacionamentos com Deus ao usar figuras que não admitiam nenhuma das lutas e dificuldades que ela descrevia.

"O que você acha", eu questionei, "se os filhos tivessem que brigar e lutar com seus pais a cada manhã para obter alimento e roupas, ou se uma ovelha tivesse que brigar com seu pastor para assegurar seu cuidado?". "É claro que isso está errado", ela falou, "mas então por que eu tenho momentos tão bons depois que atravesso esses conflitos?". Isso me intrigou por alguns instantes, mas então lhe perguntei: "O que lhe traz esses momentos bons?". "Bem", ela respondeu, "quando eu confio em Deus para resolver os problemas". "E se você o procurasse logo no começo das dificuldades?", eu perguntei. "Eu nunca tinha pensado nisso!", ela respondeu.

Cristo diz que, a não ser que "nos tornemos como crianças", não poderemos entrar no Reino dos céus. Mas é impossível ter um espírito com o de uma criança até que o espírito de servo tenha aparecido. Observe que eu não estou falando de espírito de serviço, mas de espírito de servo. Todo bom filho possui o espírito de serviço, que não tem nada a ver com o espírito de servo. O filho serve por amor; o servo trabalha por um salário.

Se um filho de pais amorosos tem a impressão de que eles não lhe darão a provisão necessária a não ser que a mereça de alguma forma, toda a doçura do relacionamento entre os pais e o filho pode ser destruída. Eu conheci uma pequena garota que tinha essa ideia. Ele visitava as casas da vizinhança perguntando se não havia algum tipo de trabalho, para que pudesse ter um pouco de dinheiro para comprar roupas para si mesma. Isso despedaçou os corações de seus pais quando eles descobriram. Os cristãos legalistas entristecem o coração do Pai Celestial, muito mais do que imaginam, ao deixar que o espírito de servo determine suas relações com Ele. Assim que começamos a "trabalhar por salários" nas coisas espirituais, deixamos a condição de filhos, adotamos a de servos e "caímos da graça".

Um servo, a respeito de quem lemos na Bíblia, achava que seu senhor era um "duro mestre", e o espírito de servidão nos faz pensar a mesma coisa. Quantos cristãos hoje estão prostrados com o peso do fardo de Cristo, por o terem transformado num "fardo de servidão"? Eles leem a declaração de que o fardo de Jesus é leve imaginando que isso não passa de um conto de fadas, e prosseguem seguindo neste caminho, nunca percebendo que o significado de sua leveza realmente é literal!

Na verdade, essa ideia de que a vida cristã é uma vida de servidão está tão impregnada dentro da igreja que, quando qualquer filho de Deus começa a "andar em liberdade", logo se começa a crer que sua experiência está incompleta, porque não possui nada que seja como uma "cruz" em sua vida. Da mesma maneira, uma esposa pode pensar que existe algo errado em seu amor pelo marido quando tudo o faz para ele é prazeroso, em vez de ser uma prova!

Algumas vezes eu penso que todo o segredo da vida cristã que eu tento descrever é revelado no relacionamento de uma criança. Não é preciso nada além de simplesmente crer que Deus é tão bom como Pai quanto o pai terreno ideal, e que o relacionamento de um cristão com Ele é o mesmo de uma criança com seus pais neste mundo. As crianças não precisam carregar em seus bolsos o dinheiro para seu sustento. Se os pais possuem o suficiente, eles as satisfarão, e isso é melhor do que se o dinheiro estivesse em posse da criança, pois ela poderia perdê-lo.

Da mesma forma, não é necessário que os cristãos tenham em sua guarda todas as suas possessões espirituais. É melhor que suas riquezas estejam guardadas em Cristo e que, quando quiserem qualquer coisa, as recebam diretamente da mão dele. Ele é o Deus que "nos dá sabedoria, justiça, santificação e redenção", e, separados dele, não possuímos nada.

Ninguém se sente à vontade para dar ou receber um grande presente de alguém desconhecido. Mas quando existe uma união de espírito, um verdadeiro laço de amor, não importa o quanto o presente seja bom, ele sempre é aceito sem nenhum tipo de embaraço ou obrigação de nenhum dos lados.

Este princípio também é válido na vida espiritual. Quando os cristãos estão vivendo distantes de Deus, não podem aceitar grandes presentes dele. Eles se sentem indignos e pensam que não merecem tais presentes. E mesmo quando Ele coloca as bênçãos em seus colos, a falsa humildade os impede de vê-las, e eles acabam perdendo-as.

ESCRAVIDÃO OU LIBERDADE

Mas quando os cristãos se aproximam do Senhor para experimentar o verdadeiro espírito de adoção, estão prontos para aceitar com prazer todas as bênçãos que Ele possui guardadas para eles, e nunca pensam duas vezes em recebê-las. Eles descobriram que o único desejo de Deus é, como os pais terrenos, derramar todo o bem sobre os filhos e que de fato todas as coisas são deles, porque estão em Cristo e Cristo está em Deus.

Algumas vezes, um grande mistério é feito da vida que existe com Cristo em Deus, como se fosse algo místico, que pessoas comuns não pudessem entender. Mas este contraste entre servidão e liberdade torna isso bastante simples. É só descobrirmos que nós, na verdade, "não somos mais servos, e sim filhos", e já praticamente recebemos as bênçãos dessa relação. Todos podem entender que isso é como ser uma pequena criança, e que não há mistério.

Deus não usa a ilustração do Pai e dos filhos sem saber tudo o que esta relação implica. Aqueles, portanto, que o conhecem como Pai, conhecem todo o segredo. São herdeiros dele, e agora podem usufruir tudo o que é necessário para as suas necessidades atuais. Eles serão muito simples em suas orações. Eles dirão: "Senhor, sou teu filho e preciso destas e destas coisas". "Meu filho", Ele responde, "todas as coisas são tuas em Cristo; venha e tome o que necessita".

Quando os tutores são homens honrados, os herdeiros de uma propriedade não precisam "lutar" por sua herança. Os tutores são escolhidos não para os manterem afastados dela, mas para ajudá-los a tomar posse. Algumas vezes eu acho que os cristãos olham para seu Senhor como alguém escolhido para mantê-los longe de suas posses, em vez de vê-lo como alguém que está ajudando-os a alcançá-las. Eles não imaginam como tal pensamento o desonra e entristece!

Isso acontece porque os cristãos legalistas não conhecem a verdade sobre o seu relacionamento com Deus. Como filhos, não reconhecem o seu coração de pai e então permanecem na servidão. Quando o reconhecem como Pai, o espírito de servidão não pode permanecer.

Nossa liberdade deve vir, portanto, de uma compreensão da mente e pensamentos de Deus em relação a nós.

Quais são os fatos deste caso? Se Ele nos separou somente para sermos servos, então os cristãos, cujas vidas são vidas de servidão, estão certos. Mas se Ele nos separou para sermos filhos e herdeiros, se somos seus amigos, seus filhos, sua noiva, estamos tremendamente errados se nos sentimos presos sob qualquer jugo de servidão, não importando o quão piedoso o cargo possa parecer.

O pensamento de servidão é abominável em qualquer verdadeiro relacionamento terreno, e certamente é ainda mais repugnante tendo em vista o relacionamento celestial. Ele não irá, obviamente, impedir a entrada da pobre alma escravizada em seu descanso celestial, mas irá colocá-la na triste condição daqueles que são descritos em 1Coríntios 3.11-15. Sua obra se queimará e sofrerá detrimento, mas será salvo, todavia, como pelo fogo.

"Contra tal não há lei" é a sentença divina sobre todos os que vivem e caminham no Espírito. Você irá perceber isso mais abençoada e verdadeiramente em sua própria vida, se deixar de lado o esforço próprio e independência de todo tipo, e permitir que Cristo viva em você, trabalhe na sua vida e esteja em sua vida interior.

O homem que vive pelo poder de uma natureza interior justa não está sob a servidão da exterior lei da justiça. Mas aquele que é somente contido pela lei exterior, sem a restrição de uma natureza justa, é escravo da lei. Aquele que cumpre a lei na alma é livre. O que se rebela contra a lei em sua alma, é escravo.

Como eu gostaria que todos os filhos de Deus experimentassem a liberdade da escravidão que eu tentei explicar!

Deixe-me desafiá-los a se entregarem totalmente ao Senhor Jesus Cristo, para que Ele possa "realizar em vocês toda a sua vontade", e, pela lei do Espírito da Vida, os liberte de qualquer outra lei que possa escravizá-los.

Capítulo 14

CRESCIMENTO

Uma das maiores objeções feitas contra aqueles que defendem esta vida de fé é a de que não ensinam um crescimento na graça. Eles supostamente ensinam que em algum momento a alma atinge um estado de perfeição, além do qual não há avanço, e que todas as exortações nas Escrituras que apontam para um crescimento e desenvolvimento são consideradas nulas a partir deste ponto.

Como a verdade é exatamente o oposto desta afirmação, tentarei responder a estas objeções e mostrar o que para mim parece ser o crescimento apontado pelas Escrituras, e onde a alma deve estar para poder crescer.

O texto mais frequentemente citado para esse tema é 2Pedro 3.18: "Antes crescei na graça e conhecimento de nosso Senhor e Salvador, Jesus Cristo". Ele expressa exatamente o que nós, que ensinamos esta vida de fé, cremos ser a vontade de Deus para os cristãos. E Cristo tornou isso possível. Se aceitarmos em seu mais completo significado todos os mandamentos e promessas que nos envolvam, não permaneceremos como crianças, mas cresceremos em Cristo em todas as coisas, até nos tornarmos homens perfeitos, na "medida da estatura da completude de Cristo".

Regozijemo-nos por não precisarmos permanecer como bebês, alimentando-nos apenas de leite. Nós podemos, através de nosso crescimento, apreciar alimento sólido e nos tornarmos capazes nas palavras de justiça e aptos a discernir o bem do mal. Cremos num crescimento que realmente produz um progresso contínuo em direção à maturidade, e num desenvolvimento que gera frutos. Nós esperamos alcançar o alvo, e se descobrimos que não estamos na direção correta, temos certeza que existe algum problema em nosso crescimento.

Nenhum pai ficará satisfeito com o crescimento de seu filho se, dia após dia, e ano após ano, ele permanecer o mesmo bebê indefeso que era nos primeiros meses de vida. E nenhum fazendeiro se sentirá confortável com o crescimento de seu grão se ele não produzir nenhum fruto. Crescimento, para ser real, deve ser progressivo. Os dias, semanas e meses devem trazer um desenvolvimento e aumento de maturidade naquilo que está crescendo.

Mas isso tem muito a ver com o que chamamos de crescer na graça? Não é geralmente o cristão que, sendo o mais aplicado em seus esforços de crescimento, frequentemente descobre, ao fim de um tempo, que não avançou tanto em sua vida cristã e que o seu zelo, a sua devoção e a sua separação do mundo não estão mais completos do que no começo de sua vida cristã?

Certa vez, falei a um grupo de cristãos sobre o dever e o privilégio de um imediato e definitivo passo para a "terra prometida". Nesse dia, uma senhora muito inteligente me interrompeu, com o que ela evidentemente achava ser uma completa recusa de tudo o que eu estava dizendo. Ela exclamou: "Mas sra. Smith, eu creio em *crescimento* na graça". "Há quanto tempo você está crescendo?", eu perguntei. "Por cerca de vinte e cinco anos", foi a sua resposta. "E quanto mais separada do mundo e devotada a Deus você está agora do que quando sua vida cristã começou?", eu continuei. "Nossa!", foi sua resposta imediata, "temo que não tenha ido muito longe". Com essa resposta, seus olhos foram abertos para ver que todos os eventos em seu caminho para o crescimento não tinham sido bem-sucedidos, muito pelo contrário.

O problema dela, e de todas as outras pessoas que se encontram em situação semelhante, é simplesmente esse: elas estão tentando crescer *para* a graça, em vez de crescer *na* graça. São como uma roseira plantada por um jardineiro num caminho duro, pedregoso, procurando crescer para dentro do canteiro, e que obviamente se torna seca e frágil, em vez de florescer e amadurecer.

Os filhos de Israel, vagando pelo deserto, são uma ilustração perfeita deste tipo de crescimento. Eles estavam viajando a cerca de quarenta anos, fazendo várias paradas e sem poder descansar muito. Mesmo assim, no fim de sua viagem, não estavam mais perto da terra prometida do que no início. Quando eles começaram a viagem em Kades Barnea, estavam nas bordas da terra, e apenas alguns passos já os colocaria dentro dela.

Quando terminaram a viagem, nas planícies de Moabe, também se encontravam na fronteira, mas com uma diferença: agora deveriam atravessar um rio, coisa que não tinham feito no início. Todas as suas viagens e lutas não lhes deram a posse nem de um metro da terra prometida. Para obter a posse da terra, foi necessário primeiro estar nela.

Para crescer na graça, é necessário primeiro estar plantado na graça. Quando eles entraram na terra, entretanto, a conquista foi rápida. Uma vez plantado na graça, o crescimento da vida espiritual se torna vigoroso e rápido, além do que se pode imaginar, pois a graça é um solo fértil, e as plantas que crescem ali são plantas de crescimento espantoso. Elas são cuidadas pelo Jardineiro Divino, aquecidas pelo Sol da Justiça e regadas pela chuva que vem dos Céus. Certamente não é de se espantar que elas deem frutos "de cem para um, sessenta para um e trinta para um".

Mas, com certeza, me perguntarão: o que significa crescer na graça? É difícil responder a esta pergunta, porque poucas pessoas possuem qualquer concepção que seja do que a graça de Deus realmente é. Dizer que é um favor imerecido expressa pouco de seu significado. É o maravilhoso e ilimitado amor de Deus derramado sobre nós de infinitas maneiras, sem nenhum tipo de medida, não de acordo com o nosso merecimento, mas de acordo com o seu coração de amor, que ultrapassa todo o conhecimento, de tão insondáveis que são seu comprimento e profundidade.

Algumas vezes penso que um sentido totalmente diferente é dado à palavra "amor" quando ela é associada a Deus, distante de tudo aquilo que compreendemos em sua aplicação entre os homens. Tendemos a considerar que o amor divino é duro e distante, preocupado somente com a sua própria glória, indiferente ao destino dos outros. Mas mesmo que o amor humano fosse tenro, sacrifical e devotado, mesmo que estivesse pronto para se entregar pelo outro, o amor divinal é infinitamente mais tenro, sacrifical e devotado, pronto para se entregar por nós e desejoso de derramar sobre nós suas bênçãos.

Misture o amor mais tenro que você experimentou, querido leitor, e o mais profundo que tenha sido derramado sobre você. Junte com o amor de todos os corações humanos do mundo, multiplique por infinito e talvez você consiga ter um vislumbre do amor e da graça de Deus!

Para "crescer na graça", portanto, a alma deve estar plantada dentro do coração deste divino amor, envolvida por ele, dentro dele. Ela deve deixar-se contagiar pela alegria dele e se recusar a conhecer qualquer coisa diferente disso. Deve crescer na expectativa dele, dia a dia. Deve confiar tudo ao seu cuidado e não ter sombra de dúvida de que ele cuidará perfeitamente de todas as coisas.

Crescer na graça é o oposto de crescer na autossuficiência e no próprio esforço – em todo o legalismo, na verdade. É colocar nosso crescimento, assim como todo o resto, nas mãos do Senhor e deixar com Ele. É estar muito satisfeito com o nosso jardineiro e com sua habilidade e sabedoria. É saber que nenhuma dúvida irá surgir em nossas mentes quanto ao seu modo de nos tratar ou seu plano de cultivo. É crescer como os lírios crescem, ou como os bebês crescem, sem se preocupar e sem ansiedade. Crescer pelo poder de um princípio interno de vida. Crescer porque vivemos e, portanto, devemos crescer. Crescer porque Ele nos plantou para o crescimento.

Era isso que o nosso Senhor quis dizer quando afirmou:

"Olhai os lírios do campo, como eles crescem; não trabalham nem fiam; E eu vos digo que nem mesmo Salomão, em toda a sua glória, se vestiu como qualquer deles."

"Qual de vós poderá, com todos os seus cuidados, acrescentar um côvado à sua altura?"

Não existe nenhum esforço no crescimento de um bebê ou de um lírio. Ele não se estica ou se retrai, não faz esforço de nenhum tipo para crescer, não é nem mesmo consciente do seu próprio crescimento. Mas através de um princípio de vida interior, do cuidado da providência de Deus, do trabalho do jardineiro, do calor do sol, da queda da chuva, ele cresce e floresce, se tornando a bela planta que Deus quer que seja.

O resultado deste tipo de crescimento na vida cristã é certo. Até mesmo Salomão, em toda a sua glória, não se vestiu como um dos lírios de Deus. As vestes de Salomão custaram muito esforço, tecidos, ouro e prata em abundância, mas as vestes do lírio não custaram nada disso. E apesar de pensamos que precisamos nos esforçar para criarmos lindas vestes espirituais para nós mesmos, e nos esticarmos e retrairmos em nossos esforços para ter um crescimento espiritual, não conseguiremos nada dessa forma. Nenhum homem *pode*, com seus cuidados, adicionar nem um côvado a sua altura, e nenhuma veste pode jamais se igualar às belas vestes que o Jardineiro prepara para as plantas que crescem em seu jardim de graça e sob os seus cuidados.

Gostaria de fazer cada um dos meus leitores perceber que não temos controle sobre esta questão do crescimento, e sem Ele no controle não chegamos a lugar nenhum.

Imagine que uma criança tivesse a ideia de que não cresceria a não ser que se esforçasse para isso, e se submetesse a uma combinação de cordas e polias para se esticar até chegar à altura desejada. Ela poderia gastar anos nessa tarefa árdua, mas não mudaria o fato inexorável de que "nenhum de vós poderá, com todos os seus cuidados, acrescentar um côvado à sua altura". Seus esforços seriam apenas desperdício, pois não conseguiria acrescentar nada à sua altura.

Imagine um lírio tentando se vestir com lindas cores e linhas graciosas e atraindo para ajudá-lo, como muitos filhos de Deus fazem, a sabedoria e força de todos os lírios ao seu redor! Acho que este lírio logo se tornaria um "caso" crônico de perplexidades e dificuldades espirituais, semelhante a algumas pessoas que todos os cristãos conhecem.

Nem uma criança nem um lírio jamais fariam algo tão tolo e vão como tentar crescer por conta própria. Mas temo que muitos filhos de Deus estão fazendo exatamente isso. Eles sabem que devem crescer, e sentem dentro de si um instinto que anseia pelo crescimento. Mas em vez de deixar o Jardineiro Divino cuidar de seu crescimento, tentam sozinhos realizar tudo o que pensam ser necessário para o seu desenvolvimento. Como consequência, passam suas vidas num ciclo infinito de esforços inúteis que acabam com suas energias e se veem, com grande pesar, regredindo, ao invés de progredindo.

"'Considere as flores do campo', o sábio disse, 'Quem vira as suas faces para o sol, que segredo elas conhecem, para que crescem felizes?'."

Tudo o que precisamos é "considerar as flores do campo" e aprender o seu segredo. Cresçam de todas as formas, queridos cristãos. Mas cresçam da forma de Deus, que é a única eficiente. Procurem estar plantados na graça, e então deixem o Jardineiro Divino cultivá-los da forma que deseja. Coloquem-se sob o sol de sua presença, e deixem que a chuva dos Céus caia sobre vocês. Então, vejam qual será o resultado. Folhas, flores e frutos certamente aparecerão na estação correta, pois o Jardineiro é habilidoso e nunca falha em sua colheita.

Certifique-se que você não possui nenhum impedimento para que lhe alcancem os raios do Sol da Justiça, ou as gotas de chuva dos Céus. A menor cobertura pode impedir que o sol e a chuva o alcancem, e a planta pode secar, mesmo se estes forem abundantes. Assim também, a menor barreira entre sua alma e Cristo pode fazer com que você seque e murche, como uma planta num celeiro ou encoberta.

Mantenha o céu livre. Escancare cada espaço de seu ser para receber as influências abençoadoras do seu Jardineiro Divino. Deleite-se no sol de seu amor. Beba as águas de sua bondade. Mantenha sua face voltada para Ele, como as flores ficam voltadas para o sol. Faça isso, para que sua alma possa viver e crescer.

Alguém pode argumentar que não somos flores inanimadas, mas inteligentes seres humanos, com poderes e responsabilidades pessoais. Isso é verdade, e faz uma importante diferença: o que a flor é por natureza, precisamos ser através de uma inteligente e livre entrega. Ser um dos lírios de Deus significa uma entrega interior do tipo mais raro. Significa que devemos ser infinitamente passivos, e também infinitamente ativos. Passivos em relação a nos mesmos e nossas obras e ativos em relação à atenção e resposta a Deus.

Mas é tão difícil explicar isso quanto entender. Contudo, significa que devemos desistir de toda a atividade como criaturas e permitir somente que as atividades de Deus trabalharem em nós, através de nós e por nós. Devemos ficar de lado e deixar Deus trabalhar.

Vocês não precisam se esforçar para crescer; seus esforços devem se concentrar em permanecer na Videira. O Jardineiro Divino, que cuida da Videira, também cuidará de vocês, que são os seus ramos. Vocês serão podados, verificados e regados para que produzam frutos e seus frutos permaneçam. Como o lírio, vocês se descobrirão vestidos tão gloriosamente, que nem Salomão não conseguiria igualar!

Se vocês estiverem plantados num deserto, onde nada pode crescer, entreguem-se completamente nas mãos do bom Jardineiro, e Ele rapidamente começará a fazer com que este mesmo deserto floresça como uma rosa. Ele fará que fontes de água brotem de seu solo arenoso, pois a promessa é verdadeira. O homem que confia no Senhor "será como a árvore plantada junto ao ribeiro das águas, e não sentirá o calor, e suas folhas serão verdes; e não se preocupará com a seca, pois nem assim cessará de dar frutos".

Esta é a grande prerrogativa de nosso Jardineiro Divino: Ele é capaz de transformar qualquer solo no solo da graça, no momento em que colocamos nosso crescimento em suas mãos. Ele não precisa transplantar-nos para um campo diferente. Onde nós estamos, com tudo que nos cerca, faz brilhar o seu sol e cair a sua chuva sobre nós. Transforma as mesmas coisas que antes eram os maiores impedimentos para o nosso crescimento nos maiores e mais abençoados meios de crescimento.

Eu não me importo com as circunstâncias, seu maravilhoso poder pode realizar esta obra; e devemos confiar nele em todas as coisas. Certamente Ele é o Jardineiro em quem podemos confiar. E se manda tempestades, ventos, chuvas ou sol, devemos aceitar tudo de suas mãos, com a mais firme confiança que aquele que nos está cultivando, e nos levando à maturidade, sabe qual é o melhor modo de alcançar o seu objetivo e regular os elementos que estão à sua disposição.

Deixe-me desafiá-los, então, a desistirem de todos os seus esforços em busca do crescimento e simplesmente se *entregarem* ao crescimento. A deixar tudo ao cuidado do Jardineiro, que é o único capaz de fazê-lo corretamente. Nenhuma dificuldade é capaz de desanimá-lo. Se vocês colocarem-se completamente em suas mãos, nenhum empecilho antigo será capaz de atrapalhá-los. Nenhuma sequidão em suas fontes de vida e nenhuma deformidade em seus desenvolvimentos impedirão a perfeita obra que Ele tem preparado. Sua promessa graciosa aos filhos apóstatas lhes assegura isso: "Eu curarei a sua apostasia".

Ele ainda diz:

"Eu lhes amarei livremente: pois minha irá se afastará deles. Serei como o orvalho sobre Israel; crescerão como os lírios, e crescerão suas raízes como o Líbano. Seus ramos crescerão, e sua beleza será como a da oliveira, e seu aroma como o do Líbano."

"Não temam: pois os campos selvagens florescerão, pois a árvore dará seu fruto, e a figueira e a vinha manterão as suas forças... e o chão estará repleto de grãos, e os vãos transbordarão de vinho e óleo... E comerão e se fartarão, estarão satisfeitos, e louvarão o nome do Senhor seu Deus que lhes abençoou maravilhosamente; e meu povo jamais será envergonhado."

Gostaria que vocês soubessem o que nosso Senhor quis dizer quando falou: "Olhai os lírios do campo, *como eles crescem*; não trabalham nem fiam!". Essas palavras nos dão a ideia de uma vida e crescimento muito diferentes da vida e crescimento normal dos cristãos – uma vida de descanso e crescimento sem esforço, mas mesmo assim uma vida e um crescimento coroados com resultados gloriosos.

E para todas as almas que se tornarem lírios no jardim do Senhor, e crescerem como os lírios crescem, o mesmo crescimento glorioso será concedido. Elas conhecerão completamente o significado da maravilhosa passagem: "Ele os alimentará entre os lírios".

> "Eu me sinto como uma frágil violeta,
> Sozinha com o assombroso céu.
> Ventos uivando, orvalho caindo,
> A chuva ataca, o sol levanta e se põe.
> A terra se move; tudo isso para fazer crescer,
> Uma pequena violeta."

Podemos ter certeza que todos os recursos da infinita graça de Deus serão mobilizados para sustentar o crescimento da menor flor de seu jardim espiritual, da mesma forma que eles são mobilizados por suas criações terrenas. Assim como uma violeta habita pacificamente em seu lugar, contente em receber a sua porção diária sem se preocupar com a direção dos ventos, ou com a queda das chuvas, devemos descansar no momento presente com tudo o que Deus nos dá. Devemos permanecer contentes com nossa porção diária, sem ter pensamentos ansiosos em relação a qualquer coisa que possa estar nos rodeando no glorioso universo de Deus, certos de que todas as coisas serão feitas para que "prosperemos".

É neste tipo de "crescimento na graça" que entramos quando vivemos uma vida de confiança plena. É um crescimento sem preocupação ou ansiedade de nossa parte, um crescimento que implica realmente crescer, florescer, frutificar e se tornar "uma árvore plantada junto aos ribeiros de água, que dá o seu fruto na estação correta", cuja folha nunca seca e prospera em tudo o que faz.

E nos regozijamos em saber que estão crescendo entre os herdeiros de Deus tantas plantas que, como os lírios viram suas faces para o sol, agora "refletem a glória do Senhor", sendo transformadas nessa mesma imagem, de glória em glória, pelo Espírito do Senhor.

E se forem questionadas como crescem tão rapidamente e com tamanho sucesso, sua resposta seria que não se preocupam com o crescimento, e que dificilmente se conscientizam que crescem. Seu Senhor lhes disse para permanecerem nele, e lhes prometeu que, se permanecessem, certamente dariam muitos frutos. Estavam focadas, portanto, somente na permanência, que era a parte que lhes cabia. Estavam contentes em deixar o cultivo, crescimento, treinamento e poda ao seu bom Jardineiro, que é o único capaz de cuidar dessas coisas.

Você descobrirá que essas almas não estão engajadas em olhar para si mesmas, mas em "olhar para Jesus". Elas não "trabalham nem fiam" por suas vestes espirituais, mas se entregam nas mãos do Senhor para serem vestidas do jeito que Ele quiser. Não existe esforço próprio ou autodependência para elas. Antes tentavam ser o jardim e o jardineiro, e não conseguiam desempenhar bem nenhum dos dois papéis. Agora estão contentes em ser o que são – somente o jardim, e não o jardineiro.

Estão dispostas a deixar as funções do jardineiro ao Jardineiro Divino, que é o único responsável pelo seu desenvolvimento. Então, o interesse nelas mesmas acaba e é transferido para as mãos de outro. Elas se esvaziam mais e mais, para que Cristo se torne tudo em suas vidas. E o abençoado resultado é que nem mesmo Salomão, em toda a sua glória, se vestiu como estas se vestirão.

Vamos olhar de modo prático para isso. Todos nós sabemos que o crescimento não é questão de esforço, mas sim o resultado de um princípio de vida interior. Todo o esforço do mundo de esticar e puxar não pode fazer um carvalho morto crescer. Mas um carvalho vivo cresce sem necessidade de ser puxado.

Está claro, portanto, que o essencial é ter dentro de você a vida de crescimento, e então você não terá opção a não ser crescer. E esta vida é a "vida em Cristo, que está em Deus", a maravilhosa vida divina da presença do Espírito Santo em nós. Esteja cheio dele, e, consciente ou não, você irá crescer. E não poderá evitar.

Não se preocupe com o seu crescimento, mas esteja atento para ter uma vida em crescimento. Permaneça na Videira. Que a vida vinda dele flua através das suas veias espirituais. Não coloque nenhuma barreira ao seu poder doador da vida, "para que trabalhe em você todo o prazer de sua vontade". Entregue-se completamente ao seu controle. Coloque o seu crescimento em suas mãos, assim como deposita todas as outras coisas.

Permita que Ele o controle de acordo com a sua vontade. Não se preocupe, nem mesmo pense nisto. Não seja como as crianças, que escavam suas plantas para ver o quanto cresceram. Confie absolutamente no Jardineiro Divino, e sempre. Aceite a dispensação de cada momento como se apresenta. De suas doces mãos, como sendo a porção de sol ou chuva necessária para o crescimento naquele momento.

Diga um contínuo "Sim" à vontade de seu Pai. E finalmente neste, como em todos os outros aspectos de suas vidas, "não fiquem ansiosos por nada; mas em tudo, em orações e súplicas, com ações de graças, tornem seus pedidos conhecidos por Deus. E a paz de Deus que ultrapassa todo o entendimento estará em seus corações e mentes através de Cristo Jesus".

Se o seu "crescimento na graça" é falho, caro leitor, você descobrirá, cedo ou tarde, um maravilhoso crescimento. E, então, irá compreender o que o salmista quis dizer quando escreveu: "O justo florescerá como a palmeira: ele crescerá como um cedro no Líbano. Aquele que é plantado na casa do Senhor irá florescer nos jardins de nosso Deus. Eles frutificarão até em idade avançada; serão gordos e florescerão".

Capítulo 15

SERVIÇO

Talvez não exista nenhuma parte da experiência cristã onde tamanha mudança aconteça, ao se entrar na vida que há em Cristo, do que a do serviço.

Em todas as formas normais da vida cristã, o serviço possui uma dose maior ou menor de servidão, ou seja, é realizado estritamente como uma obrigação, e frequentemente como uma provação ou uma cruz. Certas coisas, que a princípio podem ser feitas com alegria ou prazer, depois de um tempo se tornam tarefas pesarosas, realizadas fielmente, talvez, mas com uma secreta má-vontade, com muitos desejos confessos ou não de que elas não precisavam ser realizadas, ou pelo menos deveriam ter menor frequência. A alma se encontra dizendo, em vez de o "Eu posso?" do amor, o "Eu tenho?" da obrigação. O jugo, que no início era suave, começa a ficar árduo; e o fardo, pesado ao invés de leve.

Certa vez, uma amada cristã expressou seus sentimentos em relação a esse conflito:

"Quando eu me converti, estava tão cheia de alegria e amor, e tão imensamente agradecida por poder fazer algo pelo meu Senhor, que entrava em qualquer oportunidade que eu via. Mas depois de um tempo, minha alegria diminuiu, e meu amor começou a queimar menos fervorosamente. Então, comecei a desejar não ter sido tão afoita, pois me encontrava envolvida em tipos de serviço que se tornavam gradualmente desagradáveis e pesarosos. Já que eu havia começado, não estava disposta a desistir sem conseguir completar algo, e ainda assim desejava mais, a cada dia, desistir. Eu devia visitar os doentes e orar ao lado de suas camas. Eu devia participar de encontros de oração e ministrar neles. Eu devia, para resumir, sempre estar pronta para qualquer obra cristã, e o peso dessa expectativa estava me sufocando.

Finalmente, elas se tornaram um fardo tão pesado, nesta breve experiência que eu tinha, que sentia que qualquer tipo de trabalho físico seria mais fácil. Eu passei a preferir infinitamente mais ralar meus joelhos e minhas mãos diariamente a ser compelida a enfrentar novamente minha obra cristã. Eu invejava os empregados da cozinha e as pessoas que trabalhavam na lavanderia."

Para algumas pessoas, essa declaração pode parecer equivocada, mas não é uma vívida ilustração de algumas de suas próprias experiências? Você já foi trabalhar algum dia como se fosse um escravo, crendo que esta era a sua obrigação, mas voltando imediatamente para seus reais interesses e prazeres assim que o serviço terminava?

Você com certeza sabe que não deve se sentir assim, e provavelmente já se envergonhou disso, mas não conseguiu evitar o sentimento. Você não amou o seu trabalho, e se pudesse fazê-lo com uma consciência tranquila, alegremente teria desistido.

Ou se isso não ilustra o seu caso, talvez outra imagem cumpra esse papel. Você ama o seu trabalho de um modo geral. Mas quando tem que realizá-lo, todas as preocupações e responsabilidades fazem você duvidar de sua própria capacidade. Ele então se torna um fardo muito pesado, e você sai para trabalhar abatido e desanimado, antes mesmo de começar. Você também se torna cada vez mais estressado por causa dos resultados de seu trabalho e se aborrece quando não são os que gostaria; e somente isso já é um fardo.

Mas nós somos libertados de todas essas formas de servidão da alma que invadem a abençoada vida cristã. Primeiramente, qualquer forma de serviço é um prazer para nós porque, tendo entregado nossa vontade a Deus, Ele a trabalha para que esteja sincronizada com a sua vontade e seu prazer, e a alma se encontrará *desejosa* para fazer as coisas que Deus quer. É sempre um prazer fazer as coisas que *queremos*, sejam elas difíceis de alcançar ou envolvam muito trabalho físico. Se a *vontade* de alguém está fixa, ele trata com extrema indiferença todos os obstáculos que estejam em seu caminho, e ri da ideia de qualquer oposição ou dificuldade que apareça para tentar impedi-lo de alcançar seu objetivo.

Quantos homens trabalham mais de 18 horas por dia em busca de fortunas, ou para cumprir ambições mundanas, e nem se preocupam com as "cruzes" que estejam conectadas com isso! Quantas mães se congratulam, e se regozijam com a honra alcançada por seus filhos na busca de algum poder, apesar disso ter envolvido talvez anos de separação, e uma vida de dificuldades para os seus queridos! Mas esses homens e essas mães sentiriam e diriam que estavam carregando cruzes muito pesadas, se o serviço de Cristo requeresse o mesmo tipo de sacrifício.

Esse é o modo que olhamos as coisas, quer achemos que elas sejam cruzes ou não. Tenho vergonha de pensar que qualquer cristão faça uma cara triste e derrame lágrimas ao realizar algo por Cristo que qualquer homem faria alegremente por dinheiro.

Precisamos despertar os cristãos para quererem realizar a vontade de Deus tanto quanto desejam concretizar as suas próprias vontades. Esta á a ideia do evangelho. É o que Deus quer para nós; e foi isso que Ele prometeu.

Na descrição da nova aliança, em Hebreus 8.6-13, Ele disse que a antiga aliança do Sinai não valia mais – ou seja, a lei exterior, que controlava o homem pela força –, mas a nova seria uma lei escrita *dentro*, restringindo o homem por amor. "Diz o Senhor; Porei minhas leis no seu entendimento, e em seu coração as escreverei". Isso só pode significar que devemos *amar* as suas leis, pois tudo que está escrito em nossos corações nós devemos amar. E "pôr no entendimento" tem o mesmo significado de Deus trabalhando em nós para "fazer o que sua vontade", e que devemos desejar o que Deus deseja e obedecer a suas doces ordens não porque é nossa obrigação, mas porque queremos o que Ele quer.

Nada poderia ser mais eficiente que isso. Inúmeras vezes nós pensamos, ao lidar com nossos filhos: "Se eu pudesse entrar na cabecinha deles e fazer com que *queiram* o que eu quero, seria muito mais fácil!". Muito frequentemente em nossa experiência prática descobrimos que, para lidar com pessoas "calejadas com as cruzes", devemos evitar sugerir nossos desejos. O melhor método é encontrar alguma forma de induzi-las a pensar que a ideia partiu delas mesmas, certos que dessa forma não haverá oposição ou contendas. E nós, que somos por natureza pessoas obstinadas, sempre nos rebelamos mais ou menos contra uma lei vinda do exterior, enquanto alegremente acatamos a mesma lei fluindo de dentro de nós.

A forma com que Deus opera, portanto, é obter a posse do interior do homem, obter o controle e gerenciamento de sua vontade, e fazê-la trabalhar para Ele. Então a obediência se torna fácil e um prazer, e o serviço uma liberdade perfeita, até o ponto em que ele é forçado a exclamar: "Que serviço bom! Quem poderia sonhar que na terra haveria tal liberdade?".

O que você precisa fazer, caro cristão, se está cativo na questão do serviço, é colocar sua vontade completamente nas mãos de seu Senhor, entregando a Ele o total controle sobre ela. Dizer, "Sim, Senhor, sim!" para tudo e confiar que Ele irá colocar todos os seus desejos em conformidade com a sua própria, doce, louvável e adorável vontade. Eu vejo isso frequentemente,

SERVIÇO

em casos onde aparentemente seria impossível de acontecer. Em um deles, uma senhora estava se rebelando há anos contra um pequeno ato de serviço que ela sabia que era certo, mas que odiava. Eu a vi, em toda a profundidade do desespero, entregar sua vontade nessa questão nas mãos de Deus e dizer-lhe: "Seja feita a tua vontade; *seja feita a tua vontade!*". Em apenas uma hora, este mesmo serviço começou a ser doce e precioso para ela.

É maravilhoso ver os milagres que Deus opera nas vontades daqueles que se entregam completamente. Ele transforma coisas difíceis em fáceis, e coisas amargas em doces. Não é que coloque coisas fáceis no lugar das difíceis. Na verdade, Ele transforma o que é difícil em fácil, e nos dá amor para realizar o que antes odiávamos. Enquanto nos rebelamos contra o jugo, e tentamos evitá-lo, ele se torna duro e irritante. Mas quando "tomamos o jugo sobre nós" com uma vontade consensual, o vemos mais fácil e confortável. É costume dizer que Efraim era como "um boi desacostumado com o jugo". Mas depois, quando se submeteu ao jugo, passou a ser "como um ceifeiro ensinado, e que *ama* colher o trigo".

Muitos cristãos, como eu disse, amam a vontade de Deus de forma geral, mas carregam grandes fardos relacionados a ela. Também há libertação desse sentimento na maravilhosa vida da fé, pois nessa vida não há fardos para serem carregados, nem ansiedades para serem sentidas. O Senhor carrega nossos fardos, e sobre Ele devemos lançar todos os cuidados: "Não andeis ansiosos com coisa alguma, mas fazei seus pedidos a mim, e eu os atenderei".

Não fique ansioso com *coisa alguma*, Ele diz, nem mesmo com o seu serviço. Acima de tudo, o nosso serviço, porque sabemos ser incapazes de cumpri-lo sozinhos. E mesmo se nos preocuparmos, não adiantará nada. O que adianta sabermos se somos capazes ou não? O Mestre certamente tem o direito de usar qualquer ferramenta que lhe agrade para a sua obra, e não cabe à ferramenta decidir se é a correta para ser usada ou não. Ele sabe; e se escolhe nos usar, é claro que devemos servir para o serviço.

E, na verdade, somos perfeitos para o serviço justamente pela nossa completa imperfeição. Sua força é perfeita não em nossa força, mas em nossa fraqueza. Nossa força é um impedimento.

Certa vez, quando visitava uma escola para crianças que necessitavam de cuidados especiais, eu as vi fazendo exercícios de coordenação motora com pratos de música. Todos nós sabemos que isso é muito difícil para elas. Geralmente elas possuem força suficiente, mas não conseguem controlá-la e, como consequência, não podem fazer muitas coisas. E nesses exercícios, essa deficiência era bastante aparente. Elas faziam vários tipos de movimentos estranhos. De vez em quando, conseguiam se movimentar em harmonia com a música e os movimentos do professor, mas normalmente não.

Uma pequena garota, entretanto, chamou minha atenção. Ela fazia os movimentos perfeitamente. Nada atrapalhava a harmonia de seus exercícios. E não era porque tinha mais força que os outros, mas sim porque não possuía força alguma. Ela não conseguia fechar as suas mãos para segurar os pratos e nem levantar seus braços. O professor tinha que ficar atrás dela e fazer todos os movimentos. Ela entregava seus braços como instrumentos para ele, e sua força se tornava perfeita em sua fraqueza.

O professor sabia fazer todos esses exercícios, pois ele mesmo os havia criado. Portanto, quando os fazia, fazia direito. A menina não fazia nada além de se entregar completamente às suas mãos, e ele fazia tudo. A entrega era a parte dela; a responsabilidade era toda dele. A habilidade dela não era necessária para realizar os movimentos harmoniosos, somente a dele. A questão não era a capacidade dela, mas a dele. Sua total fraqueza era sua maior força.

Para mim, esta é uma forte ilustração de nossa vida cristã, e não devemos estranhar o que Paulo disse: "Eu me *gloriarei* em minhas enfermidades, para que o poder de Cristo permaneça em mim". Quem não iria se gloriar em ser tão fraco e desamparado, para que o Senhor Jesus Cristo não encontre empecilhos à perfeita obra de seu poderoso poder através de nós e em nós?

SERVIÇO

E também, se a obra é dele, a responsabilidade é dele. Não devemos nos preocupar com os resultados. O que está relacionado com ela é conhecido por Ele, que pode lidar com tudo. Por que não deixar tudo com Ele e consentir ser "tratado com uma criança e ser guiado para onde devemos ir"? De fato, os obreiros mais eficazes que eu conheço são aqueles que não sentem a menor preocupação ou ansiedade em relação ao seu trabalho, mas entregam tudo ao seu querido Mestre, pedindo que os guie momento a momento, confiando nele implicitamente para o suprimento necessário de sabedoria e força.

Ao olhar para eles, é possível pensar que estão muito despreocupados, quando tão importantes interesses estão em jogo. Mas quando você aprender o segredo da confiança em Deus, e passar a ver a beleza e o poder da vida que está entregue ao seu cuidado, parará com a condenação. Então você começará a se imaginar como os obreiros de Deus que ousam carregar os fardos ou assumir as responsabilidades que somente Ele pode suportar.

Existem um ou dois laços de servidão no serviço dos quais essa vida de confiança nos livra. Descobrimos que nenhum indivíduo é responsável por toda a obra no mundo, e sim de uma pequena parte. Nossa obrigação deixa de ser universal e se torna pessoal e individual. O Mestre não nos diz: "Vá e faça tudo". Pelo contrário, Ele demarca um caminho especial para cada um de nós e nos dá uma responsabilidade pessoal.

Existe a "diversidade de dons" no Reino de Deus, e esses dons são divididos a "todos os homens de acordo com suas habilidades". Eu posso ter cinco talentos, dois, ou apenas um. Posso ser chamado para fazer vinte coisas, ou apenas uma. Minha responsabilidade é simplesmente fazer o que sou chamada para fazer, e nada mais. "Os *passos* do justo são ordenados pelo Senhor"; não somente seus caminhos, mas cada passo dado nesse caminho.

Muitos cristãos cometem o erro de olhar cada ato de serviço como uma obrigação perpétua. Eles acham que, porque deu certo a entrega de um folheto para alguém numa estação de metrô, por exemplo, então sempre devem entregar folhetos a todos que encontrar e, desta forma, se obrigam de algo impossível.

Uma jovem cristã, certa vez, porque tinha sido enviada para dar uma mensagem a uma alma que conheceu durante uma caminhada, supôs que esta era uma obrigação perpétua. Ela passou a achar que devia conversar sobre as almas de todos que encontrasse. Isso obviamente é impossível e, como consequência, logo ela estava totalmente sufocada.

Ela passou a ter pavor de sair de casa, e vivia em perpétua condenação.

Finalmente, a jovem compartilhou sua aflição com um amigo instruído nos caminhos de Deus e ele lhe disse que ela estava cometendo um grande erro. Ele falou que o Senhor tinha sua própria obra para cada trabalhador especial, e que os servos numa casa bem regulada podem achar que cada um deve fazer o trabalho de todo o resto, assim como os servos de Deus pensam que cada um está sob a obrigação de fazer tudo.

O amigo ainda lhe disse para se colocar sob a direção pessoal de Deus em relação à sua obra, e confiar que Ele aponta para cada pessoa individualmente a quem deve falar. Ele prosseguiu explicando que Deus nunca envia suas ovelhas sem estar à sua frente, criando o caminho para elas.

Por fim, aquela jovem seguiu o conselho do amigo e entregou o fardo de sua obra ao Senhor. O resultado foi um feliz caminho de direção diária, no qual ela foi guiada a uma obra muito mais abençoada pelo seu Mestre. Ela passou a ser capaz de fazê-la sem se preocupar em carregar um fardo, porque Deus a conduzia e preparava o caminho diante dela.

Eu já me preocupei muito com os afazeres domésticos. Quando selecionamos um empregado para cuidar de uma área específica da casa, queremos que ele se concentre lá, e que não fique correndo a casa toda tentando fazer o trabalho dos outros empregados. Qualquer casa terrena se tornaria uma confusão terrível se os empregados agissem dessa forma. E na casa de Deus não é diferente.

Nossa parte nessa questão de serviço se assemelha a união da caldeira à locomotiva. A força não está na locomotiva, e sim na pressão da caldeira. Sem a caldeira, o resto da locomotiva é inútil. Mas quando estão unidas, a locomotiva funciona facilmente e sem esforço, por causa da poderosa força que está com ela. Assim é a vida cristã. Quando existe o desenvolvimento da obra divina dentro dela, ela se torna fácil e natural.

Inúmeros cristãos vivem restringidos, porque suas vontades não estão em harmonia completa com a vontade de Deus. A conexão não é perfeita em cada ponto e exige um grande esforço para se movimentar. Mas uma vez que a conexão é completada, e a "lei do Espírito da vida em Cristo Jesus" pode trabalhar com todo o seu poder, então estamos verdadeiramente "livres da lei da morte e do pecado" e podemos conhecer a gloriosa liberdade dos filhos de Deus.

Outra forma de servidão no serviço, da qual a vida da fé liberta a alma, refere-se aos reflexos posteriores que sempre seguem qualquer obra cristã. Estes reflexos são de dois tipos: a alma se congratula pelo seu sucesso, enchendo-se de orgulho, ou é atribulada pelo fracasso. Um desses reflexos *certamente* surge. E, dos dois, o primeiro é o pior, apesar de todo sofrimento que o segundo causa imediatamente. Mas na vida de confiança nenhuma das duas nos atormenta, pois, tendo-nos comprometido em nossa obra com o Senhor, estaremos satisfeitos em deixá-la com Ele, sem pensarmos em nós mesmos.

Anos atrás, encontrei uma frase num livro antigo:

"Nunca acolha ao fim de uma ação qualquer reflexo, seja de autocongratulação ou de autodesespero. Esqueça as coisas que ficaram para trás, pois são passado. Deixe-as com Deus."

Isso foi de um valor incalculável para mim. Quando a tentação surge, como acontece com todos os obreiros depois da realização de qualquer serviço, para induzir esses reflexos, seja de um tipo ou do outro. Eu fujo imediatamente dela e me recuso a sequer pensar sobre a minha obra, deixando que Deus controle os erros e a abençoe como escolher. Creio que haveria menos "segundas-feiras sombrias" para os ministros do evangelho se eles adotassem esse plano. E tenho certeza que todos os obreiros achariam seu trabalho muito menos desgastante.

Para resumir, então, o que precisamos para um serviço feliz e eficiente é simplesmente colocar toda a nossa obra nas mãos do Senhor, e deixar ali. Lembre-se de que tudo o que confia ao Senhor, não deve mais preocupá-lo ou deixá-lo ansioso. Se sua obra é um fardo, é porque você não está confiando nele. Mas se você a confia, certamente descobrirá que o jugo que coloca sobre você é macio, e o fardo que dá é leve. E mesmo no meio de uma vida de atividade incessante, você "encontrará descanso para a sua alma".

Se o Mestre divino somente tivesse um batalhão de obreiros assim, não haveria limite para o que faria com eles. Verdadeiramente "um perseguiria mil, e dois fariam dez mil fugir", e nada seria impossível para eles. Pois não é nada para o Senhor "ajudar aqueles que são fracos", se encontrar instrumentos que estejam completamente ao seu dispor.

Que o Senhor levante este exército rapidamente! E que você possa, querido leitor, se alistar nele, se entregando a Deus como alguém que é "ressuscitado entre os mortos". Que cada um de seus membros seja entregue a Ele como instrumentos de justiça para serem usados como Ele desejar!

Capítulo 16

RESULTADOS PRÁTICOS NA VIDA DIÁRIA

S<small>E TUDO O QUE</small> foi escrito nos capítulos anteriores sobre a vida em Cristo for verdade, seu resultado na caminhada prática diária e nas conversas deveria ser marcante, e o povo que adentrou nessa vida deve ser, verdadeiramente, peculiar e zeloso de boas obras.

Meu filho certa vez escreveu para um amigo algo mais ou menos assim: "Nós necessariamente somos testemunhas de Deus, porque o mundo não vai ler a Bíblia. Mas as pessoas lerão nossas vidas; e baseados no testemunho que dermos, muitos decidirão sobre a natureza divina da religião que possuímos". A era em que vivo é essencialmente uma era de fatos, e todas as pesquisas científicas estão rapidamente se transformando de teorias para realidades. Se, portanto, nossa religião quer fazer qualquer progresso, ela deve ser provada para ser mais do que uma teoria. Nós devemos apresentar à investigação das mentes críticas de nossa era as realidades das vidas transformadas pelo maravilhoso poder de Deus, "atuando nelas pelo beneplácito de sua vontade".

Eu desejo, portanto, falar bastante seriamente sobre o que creio ser os frutos necessários de uma vida de fé e tocar os corações dos meus leitores para a responsabilidade de serem dignos do chamado para o qual foram chamados.

Acho que posso chamar alguns de vocês, pelo menos, de amigos pessoais, pois tenho certeza de que não caminhamos juntos todas essas páginas sem crescer em seus corações, assim como cresceu no meu, um interesse pessoal e um querer bem pelo outro, para que em tudo possamos louvar aquele que "nos tirou das trevas para a sua maravilhosa luz". Como amiga, então, eu falo para amigos e tenho certeza de que serei perdoada se entrar em alguns detalhes pessoais de suas vidas diárias, que podem parecer de importância secundária, mas que preenchem grande parte dela.

O padrão de prática de uma vida de santidade é tão baixo entre os cristãos que o menor grau de devoção na vida e na caminhada é olhada com surpresa e até mesmo desaprovação por uma grande parte da igreja. E, para a grande maioria, os seguidores do Senhor Jesus Cristo estão satisfeitos com uma vida tão conformada com o mundo, e tão parecida em quase todos os aspectos que, para um observador casual, nenhuma diferença pode ser discernida.

Mas nós, que ouvimos o chamado de nosso Deus para uma vida de inteira consagração e perfeita confiança, devemos agir diferentemente. Devemos sair do mundo e sermos separados, e não nos conformarmos a ele em nosso caráter ou nossas vidas. Devemos nos apegar às coisas celestiais, e não as terrenas. Devemos buscar primeiro o Reino de Deus e sua justiça, entregando tudo o que interferir nisso. Devemos andar no mundo como Cristo andou. Devemos ter a mente que havia nele.

Como peregrinos e estrangeiros, devemos nos abster dos desejos carnais que lutam contra a alma. Como bons soldados de Jesus Cristo, devemos nos libertar interiormente dos cuidados dessa vida, para que possamos agradar aquele que nos escolheu para sermos soldados. Devemos nos abster de toda aparência do mal. Devemos ser bons uns com os outros, amorosos, perdoando, assim como Deus, por amor a Cristo, nos perdoou. Não devemos nos ressentir de rispidez ou injúrias, mas devolver o mal com o bem, e virar a outra face para a mão que nos acerta.

Devemos tomar sempre o lugar mais humilde entre nossos irmãos e buscar não a nossa própria honra, mas a honra para os outros. Devemos ser gentis, mansos e serenos, não nos levantando para defender os nossos direitos, mas os direitos dos outros. Devemos fazer tudo não por glória pessoal, mas pela glória de Deus. E, para resumir, já que aquele que nos chamou é santo, devemos ser santos em todas as coisas, porque está escrito: "Sede santos, porque eu sou santo".

Alguns cristãos parecem pensar que todos os requesitos para uma vida santa são alcançados quando existe uma obra cristã bastante ativa e bem-sucedida. E porque eles fazem tanto para o Senhor em público, sentem-se livres para se portarem de uma forma não-cristã em privado. Mas este não é o tipo de vida cristã que eu quero descrever. Se devemos andar como Cristo andou, devemos fazê-lo privada e publicamente; em casa, assim como fora dele. E isso deve ser padrão em todas as horas do dia, e não em períodos estabelecidos ou em certas ocasiões pré-fixadas. Devemos ser à semelhança de Cristo com nossos empregados assim, como somos com nosso pastor; e tão "bons" em nosso escritório como em nossas reuniões de oração.

É em nosso viver diário, na verdade, que a piedade prática pode se mostrar melhor, e também podemos questionar qualquer "profissão de fé" que falha neste teste diário.

Um cristão ansioso, que viva em dúvidas, um cristão egoísta e com o coração endurecido, um cristão auto-indulgente, que tem a língua afiada e espírito amargo, pode ser bastante zeloso em sua obra e ter lugares de honra na igreja. Mas cristãos assim não são semelhantes a Cristo, pois não conhecem nada da realidade que este livro trata, não importando o quão altas suas posições parecem ser.

A vida escondida com Cristo em Deus é uma vida escondida, assim como a sua fonte. Mas seus resultados práticos não permanecem escondidos. As pessoas devem ver que andamos como Cristo andou, se dizemos que estamos nele. Devemos provar que "possuímos" o que "professamos". Devemos, para resumir, ser verdadeiros seguidores de Cristo, mas não somente na teoria.

E isso é algo de grande importância. Significa que devemos real e absolutamente nos afastarmos de tudo o que é contrário à perfeita vontade de Deus. Significa que devemos ser um "povo especial", não somente aos olhos de Deus, mas aos olhos do mundo ao nosso redor. Que onde quer que formos, através de nossos atos, nosso temperamento, nossa conversa e nossos alvos, seja claro que somos seguidores do Senhor Jesus Cristo, e que não somos do mundo, assim como Ele não foi deste mundo.

Não devemos encarar nosso dinheiro como nosso, mas do Senhor, para ser usado em seu serviço. Não temos a liberdade de usar nossas energias exclusivamente em busca de alvos mundanos, mas devemos reconhecer que, se buscarmos primeiro o Reino de Deus e sua justiça, toda as outras coisas nos serão acrescentadas. Devemos nos proibir de buscar os lugares de maior honra ou vantagens mundanas. Não devemos tornar nosso ser o centro de todos os nossos pensamentos e de nossas realizações.

Nossos dias devem ser gastos não servindo a nós mesmos, mas ao Senhor. Então nos veremos chamados para suportar os fardos uns dos outros, e assim cumprir a lei de Cristo. E todas as nossas tarefas diárias serão realizadas mais perfeitamente do que antes, porque tudo será feito "não de vista, para agradar os homens, mas como servos de Cristo, fazendo a vontade de Deus com todo o coração".

Em tudo isso devemos ser, sem sombra de dúvida, conduzidos pelo Espírito de Deus, se nos entregarmos à sua direção. Mas a não ser que tenhamos o padrão correto de vida cristã, talvez sejamos impedidos, pela nossa ignorância, de reconhecer a sua voz. É por esta razão que eu desejo ser bastante clara e definitiva em minhas afirmações.

RESULTADOS PRÁTICOS NA VIDA DIÁRIA

Tenho percebido que em qualquer lugar onde existe uma vida consagrada ao Senhor, muitas coisas, mais cedo ou mais tarde, acontecem.

Mansidão e quietude de espírito se tornam, com o tempo, características da vida diária. Uma submissa aceitação da vontade de Deus nos acontecimentos de cada dia é manifestada, assim como flexibilidade nas mãos de Deus para fazer ou entregar tudo ao bel-prazer da sua vontade, docilidade sob provocação, calma no meio da tempestade, entrega aos desejos dos outros e indiferença com os deslizes e afrontas, libertação do cuidado e do medo. Todas essas graças, e muitas outras similares, invariavelmente são desenvolvimentos naturais da vida interior escondida com Cristo em Deus.

O mesmo acontece com os hábitos da vida: nós sempre vemos tais cristãos mais cedo ou mais tarde deixando de lado os pensamentos sobre si mesmos. Eles tornam-se cheios de consideração pelos outros, vestem e vivem numa forma simples e saudável, renunciam os hábitos autoindulgentes e desistem de todos os reconhecimentos que são somente carnais.

Eles passam a ajudar os outros e descartam todas as ocupações inúteis de sua vida. A glória de Deus e o bem-estar de suas criaturas se tornam o prazer dessas almas. A voz é dedicada a Ele, para ser usada em louvores. O bolso é dedicado a Ele. A caneta é dedicada a escrever para Ele, os lábios para falar por Ele, as mãos e os pés para fazer a sua obra. Ano após ano tais cristãos são vistos cada vez menos mundanos, mais serenos, mais focados no céu, mais transformados, mais à semelhança de Cristo, até que mesmo suas próprias faces expressem uma parte de sua maravilhosa vida interior. Todos que os observam sabem que eles vivem com Jesus, e vivem nele.

Tenho certeza que cada um de vocês recebeu algumas intimações divinas ou já teve uma visão da vida que descrevi aqui. Você já não ouviu alguma vez a voz de Deus falando nas profundidades de sua alma sobre estas coisas? Não foi uma dor e uma decepção depois descobrir o quanto a sua vida estava centrada em si mesmo? Sua alma não foi atirada dentro de problemas e dúvidas sobre certas disposições ou buscas com as quais já estava acostumado a ignorar? Nunca começou a se sentir incomodado com alguns hábitos de sua vida, e a desejar fazer algo diferente em alguns aspectos? Os caminhos da devoção e do serviço nunca se abriram para você, junto com o pensamento: "Ah, se eu pudesse andar neles!"?

Todas essas perguntas e dúvidas, e esse desejo interior, são a voz do Bom Pastor em seu coração, tentando chamá-lo para fazer a vontade dele. Deixe-me desafiá-lo a não recusar as suas gentis súplicas! Você pouco conhece sobre os doces caminhos a que Ele quer levá-lo, o estoque de bênçãos que estão no seu fim, porque, se conhecesse, correria na frente com uma profunda alegria para preencher todas as exigências que Ele faz. Os pontos mais altos da perfeição cristã só podem ser alcançados seguindo-se fielmente o Guia que lhe conduz até lá.

Ele nos revela o caminho, um passo de cada vez, e nos ajuda nas pequenas coisas de nossa vida diária, pedindo apenas que nos entreguemos ao seu direcionamento. Seja perfeitamente maleável em suas mãos, para ir onde quer que Ele o leve. Obedeça-o no momento em que estiver certo da sua vontade. Você logo descobrirá que Ele o está conduzindo rapida e facilmente para uma maravilhosa vida de conformidade a Ele, e que será um testemunho a todos ao seu redor, muito além do que você jamais imaginou.

Eu conheci uma alma que se entregou ao Senhor para segui-lo onde quer que Ele a levasse. Num período muito curto, ela saiu das profundezas das trevas e desespero para uma vida de realização e experiência real em união com o Senhor Jesus Cristo. No meio das trevas ela se consagrou ao Senhor, curvando-se à vontade dele, para que trabalhasse nela.

Imediatamente, Ele começou a falar ao coração dela através de seu Espírito, sugerindo que fizesse pequenos atos de serviço, fazendo-a pensar sobre certos aspectos de seus hábitos e vida, mostrando onde era egoísta e não semelhante a Cristo e como podia ser transformada. Ela reconheceu sua voz, e entregou-lhe tudo o que pediu, no momento que estava certa da sua vontade.

Sua pronta obediência foi recompensada por um rápido progresso, e dia a dia ela ficava mais e mais conformada à imagem de Cristo, até que sua vida se transformou num testemunho para os que estavam ao seu redor. Mesmo alguns que tinham sido contra foram forçados a reconhecer que este mover era de Deus e passaram por uma entrega semelhante.

Você acredita que ela alguma vez se arrependeu de sua entrega completa a Deus? Ou que algo além de gratidão e alegria pôde encher sua alma, quando ela revia os passos através dos quais foi conduzida, mesmo achando que alguns deles tenham sido difíceis demais na época que foram dados? Ah, querida alma, se você conhecesse esta bênção, e abandonasse a si mesma à direção do seu divino Mestre, e se entregasse por inteiro, veria que:

"O caminho perfeito é difícil para a carne,

Mas não é difícil para o amor.

Se estiver ansiando por Deus,

Quão rapidamente irá se mover!"

É claro que você pode confiar nele! E se algumas coisas parecem ser pequenas e desinteressantes no momento, e indignas da atenção do Senhor, lembre-se que Ele não vê como o homem, e que as coisas pequenas para nós podem ser, aos olhos dele, a chave para os maiores segredos do ser. Nenhuma vida pode ser completa se falha nas pequenas coisas. Um olhar, uma palavra, até mesmo um tom de voz, por menores que pareçam ao julgamento humano, frequentemente são de importância vital aos olhos de Deus. O nosso maior desejo deve ser segui-lo completamente. Você não pode dizer um contínuo "Sim" a todos as suas doces ordens, sejam grandes ou pequenas, e confiar nele para conduzi-lo, pela estrada mais curta, às suas mais completas bênçãos?

Quer você saiba ou não, isso é o que a consagração significa. Significa inevitável obediência. Significa, portanto, que a vontade de Deus será a sua vontade, em todas as circunstâncias e em todas as horas. Significa a entrega da liberdade de escolha, para se tornar inteiramente dependente do controle de Deus. Significa segui-lo em todas as horas, para onde quer que Ele leve você, sem voltar atrás.

Tudo isso e muito mais estava envolvido na entrega daquela jovem a Deus, e agora eu apelo que você faça o mesmo. Deixe tudo para trás, para que possa viver, numa caminhada diária e nas suas relações, uma vida semelhante a Cristo, que habita dentro de você. Você está ligado ao Senhor com um forte laço; ande, então, como Ele andou, e mostre ao mundo descrente a abençoada realidade de seu poder para salvar, ao deixar que Ele o salve.

Você não precisa temer consentir, porque Ele é o seu Salvador e tem poder para realizar tudo. Ele não está lhe pedindo, em sua fraqueza, para fazer toda a obra sozinho. Ele pede apenas que você se entregue, para que possa trabalhar em você e através de você com seu poder. Sua parte é se entregar. A parte dele é fazer a obra. E nunca Ele lhe entregará alguma ordem que não seja acompanhada de pleno poder para obedecer. Não se atribule com esta questão; entregue-se com uma generosa confiança ao bom Pastor, que prometeu nunca chamar suas próprias ovelhas para qualquer caminho sem tê-lo vistoriado antes para ver se é fácil e seguro.

Dê cada pequeno passo que Ele planejou para você. Entregue a sua vida, em todos os detalhes, para que a regule e guie. Siga alegre e rapidamente as doces sugestões do Espírito para a sua alma. E dia a dia você o verá fazendo-a ficar mais e mais de acordo com a sua vontade, moldando-a e conformando-a, de forma artística, num "vaso de honra, santificado e pronto para o seu uso, e capaz para todas as boas obras".

Então, que seja dada a você a doce alegria de ser uma "epístola de Cristo, conhecida e lida por todos os homens". E que a sua luz brilhe tão intensamente que os homens vejam não você, mas as suas boas obras. E que eles glorifiquem não você, mas o seu Pai que está nos céus.

"A arte que estás criando em mim, eu te agradeço, Senhor.
O que estás fazendo e já fez, tu conheces bem,
E eu te ajudarei: gentilmente em teu fogo
Permanecerei queimando; em tua mesa de oleiro
Ficarei pacientemente, sendo moldado.
Tua graça será suficiente para a obra ser completa.
Sua força sendo completa, através de minha fraqueza.

Não tenho conhecimento, sabedoria
Nem compreensão para justificar
A tua obra, ó Perfeito, que me levou a isso.
Por tudo o que passas, eu não consigo compreender.
Mas posso clamar, 'Ó inimigo, o Criador não fez isso.
Um dia você pagará, e de sua presença fugirá!'

Tu trabalhas perfeitamente. E mesmo que pareça
Que algumas coisas não estejam indo bem, isso acontece por que
Elas são tão profundamente amorosas e tão grandemente sábias.
Minha sabedoria, nem chega a ser sonho;
Meu amor, ralo e frágil;
Tu envolves tudo, e torna-os perfeitos."

George Macdonald

Capítulo 17

A ALEGRIA DA OBEDIÊNCIA

T ENDO FALADO DE ALGUMAS das dificuldades da vida de fé, deixe-me falar agora de algumas de suas alegrias. A principal é a alegria da obediência.

Muito tempo atrás, encontrei essa frase: "A perfeita obediência será uma alegria perfeita, se tivermos perfeita confiança no poder que estamos obedecendo". Eu me lembro de ter ficado chocada com esta frase, como se fosse a revelação de um possível, apesar distante, caminho para a felicidade. Muitas vezes depois, mesmo quando eu estava rebelde interiormente, esta frase me resgatava como uma visão de um descanso e uma possibilidade de desenvolvimento, ao mesmo tempo em que satisfazia todos os meus desejos.

Preciso dizer que este descanso me é revelado agora não como uma visão, mas como uma vívida realidade, e que vejo que no Senhor Jesus Cristo, a quem devo entregar minha obediência, e que deposita sobre nós o seu jugo, posso encontrar esse perfeito descanso?

Você não imagina, cara alma hesitante, a alegria que está perdendo. O Mestre se revela assim mesmo a você, e está chamando-a para uma entrega completa, mas você se recolhe e hesita. Você está disposta a se entregar numa certa medida, e pensa que ela é suficiente. Mas uma *completa* entrega, sem qualquer reserva, para você é demais. Você tem medo dela. Envolve muita coisa, e você acha que é um risco muito grande. Você deseja ser obediente de forma mensurável; ser perfeitamente obediente lhe assusta.

Mas você também vê outras almas que parecem capazes de caminhar com a consciência tranquila num caminho maior do que o destinado a você, e se pergunta por que isso acontece. Parece estranho, e talvez difícil, que você tenha que fazer o que eles não precisam e deixar de praticar o que eles têm liberdade para fazer.

Ah! Querido cristão, esta diferença é privilégio seu, apesar de ainda não saber disso. Seu Senhor diz: "Aquele que tem os meus mandamentos e os guarda, este é o que me ama; e aquele que me ama, será amado por meu Pai, e eu também o amarei, e me manifestarei a ele". Você *tem* os mandamentos dele; aqueles que você inveja, não. *Você* conhece a mente de seu Senhor em vários aspectos nos quais *eles* estão caminhando em trevas. Isso não é um privilégio? É causa de tristeza ter sua alma trazida a uma relação próxima e íntima de seu Mestre? Ele é capaz de lhe contar coisas que os que estão distantes não podem ouvir. Você não percebe o grau de intimidade envolvido nisso?

Existem muitas relações na vida que exigem das diferentes partes somente alguns graus bem moderados de devoção. Podemos ter amizades bastante agradáveis com outras pessoas, e ainda assim passar grande parte de nossas vidas em interesses e propósitos bastante diferentes. Quando juntos, podemos até gostar muito da companhia do outro e encontrar pontos comuns. Mas a separação não é traumática, e outras e mais íntimas amizades não interferem. Não existe amor suficiente entre nós para nos dar o direito de desejar compartilhar os assuntos mais privados. Certo grau de reserva e distância parece ser o correto em relações como essa.

Mas existe outras relações na vida em que tudo isso muda. A amizade se transforma em amor. Os dois corações se entregam um ao outro, não sendo mais dois, e sim um. Uma união de almas acontece e torna propriedade de um tudo o que pertence ao outro. Interesses separados e caminhos de vida separados não são mais possíveis. Coisas que eram lícitas antes tornam-se ilícitas agora, por causa da proximidade do laço que os une. A reserva e a distância sob medida para uma mera amizade se tornam fatais no amor. O amor entrega tudo, e deve ter tudo em troca. Os desejos de um se tornam obrigações para o outro, e o mais profundo anseio de cada coração é conhecer cada desejo secreto do outro, para que possa realizá-los.

Existe raiva nos que estão sob o jugo que o amor impõe? Eles invejam as tranquilas, calmas e razoáveis amizades que veem ao seu redor, e se arrependem da proximidade que suas almas possuem com seus amados, por causa das obrigações que ela cria? Eles não se gloriam nessas mesmas obrigações, e sentem pena, com uma tenra mas exultante alegria, daqueles pobres que não ousam ter um relacionamento tão próximo? Cada revelação dos desejos do amado não é um deleite e um privilégio, e qualquer caminho difícil junto de seu amor não parece mais fácil?

Ah! Se você alguma vez experimentou isso, pelo menos por algumas horas, numa relação terrena. Se você já amou qualquer um dos seres humanos o suficiente para achar o serviço e o sacrifício em seu favor uma alegria. Se a entrega completa de sua vontade à vontade do outro já lhe pareceu um abençoado privilégio, ou uma doce e preciosa realidade, então, por todo o amor do seu Amante eterno, eu gostaria de lhe desafiar a se entregar a Cristo!

Ele ama você mais do que o amor de uma amizade. Como o noivo se alegra com sua noiva, assim Ele se alegra com você, e nada, além da total entrega da noiva, irá satisfazê-lo. Ele lhe deu tudo, e pede tudo em troca. A menor reserva irá entristecer o coração dele. Ele não guardou nenhuma reserva. Como você pode fazer isso? Por amor Ele derramou completamente tudo o que tinha, e você deve entregar tudo o que possui, sem reservas.

Oh, seja generoso em sua entrega! Encontre sua devoção sem medida por você com uma devoção sem medida por Ele. Esteja feliz e disposto a se jogar em seus braços de amor. Tudo que exista em você, entregue a Ele. Consinta em abrir mão desse momento para frente, de toda a liberdade de escolha. Glorie-se na abençoada união que torna essa devoção entusiasmada não somente possível, mas necessária.

Você nunca desejou entregar o seu amor e atenção a alguém distante em posição ou circunstâncias, com quem você não tinha intimidade suficiente para uma abordagem mais próxima? Você nunca sentiu uma capacidade de autoentrega e devoção que parecia queimar no peito como um fogo, e ainda assim não ter um objeto ao qual ousasse se entregar? Já não teve suas mãos cheias de "vasos de alabastro, muito preciosos", e nenhum coração perto o suficiente para derramar?

E se, então, você está ouvindo a voz amorosa de seu Senhor, chamando-o para uma proximidade maior com Ele, que requer uma separação de todo o resto e fará uma devoção entusiasmada não somente possível, necessária, você se recolherá ou hesitará? Você acha que Ele revelará mais de sua mente do que revela a outros, e que não permitirá que seja feliz em nada que separe você dele? *Quer* ir onde Ele não pode ir com você, ou ter alvos que Ele não pode compartilhar?

Não! Não! Mil vezes não! Você vai correr com alegria efusiva para satisfazer a preciosa vontade do Mestre. Até o menor desejo dele se transformará em lei para você. Quando você desobedece a essa lei, sente o coração ferido. Você vai encontrar glória até na estreiteza do caminho que Ele traçar para você. Terá infinita compaixão pelos que estão distantes e perderam essa preciosa alegria. As obrigações desse amor lhe serão os mais doces privilégios. O direito que você adquiriu de entregar tudo o que tem, sem nenhuma restrição a seu Senhor, vai elevá-lo a uma região de glória inefável. A alegria perfeita da perfeita obediência vai raiar em sua alma, e você vai começar a aprender um pouco do que Jesus disse: "Deleito-me em fazer a tua vontade, ó Deus meu" (Sl 40.8).

E você acha que só você terá alegria nesse relacionamento? Acha que o Senhor não se alegra com aqueles que se entregam dessa forma e gostam de obedecê-lo? Ah, meu amigo, não estamos aptos a falar sobre isso, mas as Escrituras certamente nos revelam um vislumbre do prazer, da satisfação e da alegria que nosso Senhor tem em nós, que arrebata a alma com seus maravilhosos indícios de bênçãos.

Que nós precisemos do Senhor é fácil de compreender, mas que Ele precise de nós é incompreensível. Que nosso desejo deva voltar-se para Ele é questão indiscutível, mas que o desejo dele deva voltar-se para nós ultrapassa os limites da crença humana. Contudo, várias e várias vezes Ele afirma isso. O que, então, podemos fazer a não ser crer em sua Palavra? Ele tornou nosso coração capaz desse afeto sublime e ofereceu-se como objeto dele. Esse afeto é infinitamente precioso para Ele, que nos diz: "Aquele que me ama será amado de meu Pai, e eu o amarei, e me manifestarei a ele" (Jo 14.21).

Ele está batendo continuamente à porta de cada coração, pedindo para entrar e ser o objeto supremo de amor. "Você me quer para ser seu Amado? Vai seguir-me no sofrimento e na solidão, suportará as dificuldades por minha causa sem pedir nenhuma recompensa além de meu sorriso de aprovação e minha palavra de elogio? Quer entregar-se com absoluto desprendimento a minha vontade? Você me entregará o controle absoluto de todo o seu ser? Você se contentará em agradar somente a mim? Você me deixará agir em todos os setores de sua vida? Você entrará numa união tão íntima comigo a ponto de separar-se do mundo? Você me aceitará como seu único Senhor e deixará todos os outros para se dedicar somente a mim?", Ele pergunta.

De mil maneiras Ele faz a todo crente essa oferta de unidade com Ele. Mas nem todos lhe dizem "sim". Outros amores e outros interesses parecem preciosos demais a esses crentes para serem deixados de lado. Não perderão o céu por causa disso, mas perderão, sim, uma alegria inefável.

Você, contudo, não é um desses. Desde o início sua alma clama desejosa e alegremente por todas as ofertas do Mestre: "Sim, Senhor. Sim!". Você está mais que pronto para depositar nele suas mais preciosas reservas de amor e devoção. Você lhe apresentou um entusiasmo de autorrendição que talvez perturbe e angustie crentes mais prudentes e moderados. Seu amor por Ele necessita de uma separação do mundo que um amor menos sublime não pode conceber. Você é capaz de prestar serviços e sacrifícios com alegria de modo que um coração menos dedicado não consegue compreender.

A vida em que você ingressou lhe dá o direito de entregar-se completamente a seu Amado. Os serviços que as pessoas mais distantes não entendem, agora se transformaram no seu mais doce privilégio. Por causa de sua união com Ele, seu Senhor exige de você muito mais do que exige desses outros crentes. O que para eles é lícito, o amor transformou em ilícito para você. A você Ele pode revelar segredos dele. Ele procura uma reação instantânea a cada exigência de seu amor.

Sim, é maravilhoso o glorioso e inefável privilégio que você conquistou! Pouco lhe importará se as pessoas o detestam ou se afastam de você, se elas o reprovam e o maldizem por causa do Senhor! Pode ouvir as palavras de Jesus: "Folgai nesse dia, exultai" (Lc 6.23), porque eis que é grande vosso galardão no céu. E se você é participante dos sofrimentos dele, também será participante da sua glória (veja 1Pedro 5.1).

Ele verá em você o fruto do trabalho da alma dele e ficará satisfeito (veja Isaías 53.11). Seu amor e sua dedicação são a preciosa recompensa dele por tudo que fez por você. É indizivelmente doce para Ele. Portanto, não tenha medo de entregar-se de coração aberto em devoção irrestrita a seu Senhor. Pode ser que os outros não aprovem, mas Ele aprova e é suficiente. Não poupe sua obediência nem seu serviço. Tenha o coração e as mãos livres para servi-lo assim como Ele tem o coração e as mãos livres para servir você. Deixe-o ter tudo que é seu: corpo, alma, espírito, tempo, talentos, voz – tudo. Apresente sua vida toda diante dele para que Ele a controle.

Diga-lhe todo dia: "Senhor, como devo planejar este dia para agradar-te? Aonde devo ir? O que devo fazer? Quem devo visitar? O que devo dizer?". Entregue seu intelecto ao controle dele e diga: "Senhor, ensina-me a pensar de forma a agradar-te". Entregue-lhe suas leituras, seus interesses, suas amizades, e diga: "Senhor, Senhor, dá-me discernimento para julgar todas essas coisas com tua sabedoria". Não permita que haja dia nem hora alguns em que você não esteja fazendo plenamente e com inteligência a vontade do Mestre e seguindo-o.

Este serviço pessoal prestado a Ele criará um halo dourado em torno de sua vida que fará a monótona existência reluzir com brilho celestial.

Você nunca se entristeceu porque as paixões românticas da juventude logo se perdem nas duras realidades do mundo? Convide Deus para entrar em sua vida e penetrar todos esses aspectos, e um entusiasmo muito mais grandioso e radiante que os mais iluminados dias da juventude lhe encherão a alma. Dessa forma, a mais desalentada vida será glorificada.

Quase sempre, quando eu observava uma pobre mulher no tanque lavando roupa, pensava nas circunstâncias desanimadoras de uma vida assim. Então, era tentada a me perguntar por que precisa ser desse jeito para algumas pessoas, e vinha-me à mente, com emoção e alegria, a memória da glorificação possível dessa vida. Dizia para mim mesma: "Mesmo essa vida, vivida em Cristo e com Cristo, seguindo-o aonde quer que Ele leve, seria tão cheia de entusiasmo que faria todas as suas horas gloriosas".

O próprio Cristo quando esteve na terra declarou a verdade de que não havia bênção maior do que a bênção da obediência. "E aconteceu que, dizendo ele estas coisas, uma mulher dentre a multidão, levantando a voz, lhe disse: Bem-aventurado o ventre que te trouxe e os peitos em que mamaste. Mas ele disse: Antes bem-aventurados os que ouvem a palavra de Deus e a guardam" (Lc 11.27-28).

Ainda mais abençoado que ser a mãe terrena de nosso Senhor, ou que o ter carregado nos braços e alimentado no peito (e quem pode medir a bênção disso) é ouvir a vontade dele e obedecê-la.

Que nosso coração rendido se empenhe com o desejoso prazer de descobrir e abraçar a adorável vontade de nosso amoroso Deus!

Capítulo 18

UNIÃO DIVINA

Todos os cuidados de Deus com a alma do crente têm por finalidade levá-lo à unidade com Ele para que a oração de nosso Senhor se cumpra:

> Para que todos sejam um, como tu, ó Pai, o és em mim, e eu em ti; que também eles sejam um em nós ... Eu neles, e tu em mim, para que eles sejam perfeitos em unidade, e para que o mundo conheça que tu me enviaste a mim, e que os tens amado a eles como me tens amado a mim (Jo 17.21,23).

Essa união divina era o glorioso propósito do coração de Deus para seu povo antes da fundação do mundo. Era o mistério escondido das eras e gerações. Foi realizado na encarnação de Cristo. Foi anunciada pelas Escrituras e é percebida como experiência real por muitos filhos de Deus.

Não por todos, porém. É verdade para todos, e Deus não a esconde nem a torna difícil, mas os olhos de muitos estão tão embaçados e o coração tão incrédulo que não entendem isso. É exatamente com o propósito de levá-los ao entendimento pessoal e real dessa verdade que o Senhor está levantando crentes em todo lugar no presente tempo para entregar-se a Ele, de forma que possa operar neles todo a sua agradável e perfeita vontade.

Todos os passos anteriores da vida cristã levam a essa união. O Senhor nos criou para ela. Enquanto não entendermos com inteligência e não consentirmos voluntariamente em abraçar essa união, toda a luta da alma do Mestre por nós não se satisfaz, nem nosso coração encontra seu destino e repouso definitivo.

O curso normal da experiência cristã é retratado na história dos discípulos. Primeiro, eles foram despertados para enxergar a condição em que estavam e sua necessidade, chegaram a Cristo e lhe dedicaram sua lealdade. Em seguida, seguiram-no, trabalharam para Ele, creram nele. Contudo, como eram diferentes dele! Eles estavam constantemente procurando sobrepor-se um ao outro, fugindo da cruz. Sempre entendiam mal a missão e as palavras de Cristo e abandonavam seu Senhor na hora do perigo. Mas ainda assim foram enviados a pregar, foram reconhecidos por Jesus como seus discípulos e receberam poder para trabalhar para Ele. Eles conheciam a Cristo somente "segundo a carne", fora deles, o Senhor e Mestre, mas não ainda como a Vida deles.

Então chegou o Pentecoste e esses discípulos vieram a conhecê-lo como lhe foi revelado interiormente, como um com Ele em verdadeira união, a própria Vida habitando neles. Desse dia em diante, Ele passou a ser Cristo neles, operando neles "tanto o querer como o efetuar, segundo a sua boa vontade" (Fp 2.13), libertando-os pela lei do Espírito de Cristo dos grilhões da lei do pecado e da morte que os prendiam. Entre os discípulos e Ele não mais houve guerra de vontades e choque de interesses. Uma só vontade os animava, e essa era a vontade de Cristo. Um só interesse lhes era caro, e era o interesse dele. Eles se tornaram *um* com Ele.

Certamente todos podem reconhecer esse quadro, embora talvez o estágio final ainda não tenha sido plenamente atingido. Talvez você tenha deixado muito para seguir a Cristo, caro leitor. Pode ter crido nele, trabalhado por Ele e tê-lo amado mas, mesmo assim, pode não ser como Ele. Você conhece a lealdade e a confiança, mas ainda não a união. Existem duas vontades, dois interesses, duas vidas. Você ainda não perdeu sua própria vida para poder viver somente nele. Antes era eu, e não Cristo; depois era eu e Cristo; talvez agora até seja Cristo e eu. Mas já chegou a ser Cristo somente, e não mais eu?

O que você precisa, então, é compreender o que as Escrituras ensinam acerca dessa maravilhosa união, que você pode ter certeza, foi mesmo planejada para você.

Se você ler uma passagem como 1Coríntios 3.16, "Não sabeis vós que sois o templo de Deus e que o Espírito de Deus habita em vós?", e depois observar o início desse capítulo de Coríntios, verá a quem se dirigem essas maravilhosas palavras. Elas são direcionadas a "meninos em Cristo", que ainda são "carnais" e andam segundo os homens. Então você entenderá que essa união de alma de que falo, esse indizível e glorioso mistério do Deus que habita o crente, é o bem de todo crente em Cristo, até do mais fraco e mais falho. É absolutamente verdade para todo crente em Cristo que seu corpo é o templo do Espírito Santo, que está nele e que é de Deus.

Talvez você não entenda o que significa essa unidade. Algumas pessoas acham que ela consiste de uma grande emoção ou uma maravilhosa sensação de unidade, por isso se voltam para seu interior para examinar suas emoções, pensando que pelo estado dessas emoções decidem o que é o estado interior de sua união com Deus. Não há, porém, erro maior do que confiar em sentimentos nesse caso.

A unidade com Cristo deve, pela própria natureza das coisas, consistir de uma vida com caráter semelhante ao de Cristo. Não é o que sentimos, mas o que somos, que resolve o problema. Por mais exaltadas ou intensas que sejam nossas emoções nesse aspecto, se não houver semelhança como caráter de Cristo, unidade de objetivo e propósito, semelhança de pensamento e ação, não poderá haver unidade.

Isso é puro bom senso, bem como escriturístico.

Estamos falando de duas pessoas sendo uma só. Isso significa que seus propósitos, ações, pensamentos e desejos são semelhantes. Um amigo pode dirigir-nos expressões entusiásticas de amor, união e unidade, mas, se os objetivos, as ações e a maneira de ver as coisas desse amigo são exatamente o oposto dos nossos, não podemos achar que exista unidade verdadeira entre nós, apesar de todo nosso apreço um pelo outro. Para sermos verdadeiramente um com o outro, precisamos gostar e não gostar das mesmas coisas, ter as mesmas alegrias e as mesmas tristezas, as mesmas esperanças e os mesmo temores. Como dizem, precisamos enxergar através dos olhos um do outro e pensar com a mente um do outro. Isso é, na verdade, como disse anteriormente, puro bom senso.

A unidade com Cristo não pode ser avaliada por nenhuma outra regra que não seja essa. Nem se cogita ser um com Ele de qualquer outra forma que não seja no caráter, na natureza e na vida. Se não formos semelhantes a Cristo em nossos pensamentos e maneiras, não somos um com Ele, não importa quais sejam nossos sentimentos.

Tenho visto cristãos que dificilmente têm algum atributo semelhante aos do caráter de Cristo, mas são tão emocionais e têm tantos sentimentos de êxtase e amor por Cristo que chegam a achar-se com razão ao alegar que têm a mais íntima unidade com Ele. Dificilmente poderia haver opinião mais triste. Certamente nosso Senhor quis referir-se a esses casos quando, em Mateus 7.21, disse: "Nem todo o que me diz: Senhor, Senhor! entrará no reino dos céus, mas aquele que faz a vontade de meu Pai, que está nos céus". Jesus não estava fazendo aqui nenhuma declaração arbitrária da vontade de Deus, mas um simples aviso da natureza das coisas. Claro que deve ser assim. É como dizer: "Ninguém que não seja astrônomo pode pertencer à categoria dos astrônomos" . As emoções não transformam ninguém em astrônomo, mas a prática de vida e as ações, sim. É preciso ser astrônomo, não simplesmente sentir-se que é astrônomo.

Não há como escapar dessa inexorável natureza das coisas, principalmente neste caso. Se não formos um com Cristo em caráter, vida e ações, não somos um com Ele de nenhuma outra forma, pois não existe outra forma. Devemos ser participantes da natureza divina (2Pe 1.4) senão não podemos ser participantes da vida de Cristo, pois a vida e a natureza dele são uma.

Mas as almas emocionais nem sempre reconhecem isso. Elas sentem-se tão perto dele e tão unidas a Ele que acham que isso pode ser verdadeiro. Negligenciando a absoluta necessidade da semelhança com o caráter de Cristo, elas constroem as esperanças e depositam a confiança sobre suas emoções de prazer e seus sentimentos exaltados, e acham que são umas com Cristo senão não poderiam ter essas ricas e santas experiências.

É um fato psicológico que essas emoções ou outras semelhantes podem ser produzidas por outras causas que não sejam a influência puramente divina e dependem em grande parte do temperamento e das condições físicas. É muito perigoso, portanto, fazer delas um teste de nossa união espiritual com Cristo. Isso pode resultar exatamente no perigoso autoengano sobre o qual nosso Senhor advertiu em Lucas 6.46: "E por que me chamais, Senhor, Senhor, e não fazeis o que eu digo?". Nossa alma talvez se deleite em chamá-lo "Senhor, Senhor", mas será que estamos fazendo o que Ele disse? Isso, afinal, como Ele disse, é o que importa.

Portanto, se, levados por nossos sentimentos, estamos dizendo em reuniões ou entre nossos amigos, ou mesmo para nosso próprio coração diante do Senhor, que permanecemos nele, é melhor levarmos seriamente em consideração e aplicar a nós mesmos estas palavras do Espírito Santo: "Aquele que diz que está nele, também deve andar como ele andou" (1 João 2.6).

Se não estivermos andando dessa forma, não podemos permanecer nele, por mais que achemos que permanecemos.

Se você realmente é um com Cristo, será agradável com aqueles que se opõem a você. Você suportará tudo sem fazer queixas. Quando for odiado, você não retribuirá com ódio. Você não se importará, como Cristo não se importou, quando seus direitos forem ignorados e você não reagir com raiva, e sim com amor. Você procurará a honra dos outros em vez da sua. Assumirá o lugar mais humilde e será o servo de todos, como Cristo foi. Você amará verdadeiramente os seus inimigos e fará o bem àqueles que, apesar disso, o usam. Em resumo, você vai viver uma vida semelhante à de Cristo e manifestará externamente o espírito semelhante a Cristo de seu interior. Você andará entre os homens como Ele andou entre nós. É isso, queridos amigos, que é ser um com Cristo. E se sua vida não for assim de acordo com sua avaliação, então você não é um com Ele, por mais extáticos ou exaltados que sejam seus sentimentos.

Ser um com Cristo é uma experiência maravilhosa, solene e poderosa demais para ser alcançada por qualquer extravasamento ou exaltação de um simples sentimento. Jesus era santo, e aqueles que são um com Ele também serão santos. Não há como fugir de fato simples e óbvio.

Quando nosso Senhor procurou fazer-nos entender sua unidade com Deus, expressou isso nas seguintes palavras: "Eu faço sempre o que lhe agrada" (Jo 8.29). "O Filho por si mesmo não pode fazer coisa alguma, se o não vir fazer o Pai; porque tudo quanto ele faz, o Filho o faz igualmente" (Jo 5.19). "Eu não posso de mim mesmo fazer coisa alguma. Como ouço, assim julgo; e o meu juízo é justo, porque não busco a minha vontade, mas a vontade do Pai que me enviou" (v. 30). "Se não faço as obras de meu Pai, não me acrediteis. Mas, se as faço, e não credes em mim, crede nas obras; para que conheçais e acrediteis que o Pai está em mim e eu nele" (Jo 10.37-38).

UNIÃO DIVINA

O teste de unidade no tempo de Jesus e ainda hoje é o mesmo: fazer as mesmas obras que Ele. Se nosso Senhor podia dizer de si que se não fizesse as obras de seu Pai, Ele não pediria que cressem nele, por mais alegações que fizesse, certamente seus discípulos não podem fazer menos que isso.

É sempre verdade da natureza das coisas que "não pode a árvore boa dar maus frutos; nem a árvore má dar frutos bons" (Mt 7.18). Não que não queira, mas não pode. Uma alma que é uma com Cristo produzirá uma vida semelhante a Cristo como uma vinha produz uvas, e não cardos.

Não que eu me oponha a emoções. Pelo contrário, acredito que elas são dons muito preciosos, quando provêm de Deus, e devemos regozijar-nos nelas. Mas me oponho a fazer delas o teste ou a prova de condição espiritual, quer em nós mesmos, quer nos outros, e a depender delas como fundamento de nossa fé. Deixe-as vir e deixe-as ir, do modo que apraz a Deus, e não as responsabilize por nada. Mas veja sempre que as marcas realmente vitais de unidade com Cristo – as marcas de semelhança de caráter, vida e prática – são nossas, e tudo ficará bem. Pois "aquele que diz: eu conheço-o, e não guarda os seus mandamentos, é mentiroso, e nele não está a verdade. Mas qualquer que guarda a sua palavra, o amor de Deus está nele verdadeiramente aperfeiçoado; nisto conhecemos que estamos nele" (1Jo 2.4-5).

"Nisto conhecemos", isto é, guardando sua Palavra. Não dê atenção a seus sentimentos nessa questão de unidade com Cristo, mas verifique se você tem realmente os frutos de unidade de caráter, mente e prática. Suas emoções podem ser prazerosas, ou talvez possam ser depressivas. Em nenhum caso elas são indícios de seu estado espiritual.

Cristãos pouco desenvolvidos em geral têm experiências emocionais muito poderosas. Conheci uma mulher que frequentemente ficava acordada pelas "ondas de salvação", como ela dizia, que a inundavam durante a noite. Essa mulher, porém, não dizia a verdade sobre suas relações sexuais com outros homens e estava muito longe de ser honesta nos negócios. Talvez ninguém acreditasse que ela não sabia nada sobre a verdadeira união divina, apesar de todas aquelas emoções ardentes.

A alegria no Senhor deve ser algo muito mais profundo que uma simples emoção. Deve ser a alegria do conhecimento, de percepção, de existência real. É muito mais gratificante *ser* um pássaro, com toda a realidade possível do voar, que apenas *sentir-se* como se fosse um pássaro, sem nenhuma capacidade de voar. A realidade sempre é o fator essencial.

Agora, porém, depois de se proteger contra esse perigo da experiência emocional de união divina, vamos estudar como alcançar a realidade. Primeiro, devo dizer que não se trata de uma nova atitude a ser tomada por Deus, mas tão-somente uma nova atitude a ser tomada por nós. Se de fato sou filho de Deus, necessariamente meu coração já é o templo de Deus, e Cristo já está em mim. É necessário, portanto, que eu apenas reconheça a presença dele e me renda totalmente a seu controle.

É como se Cristo estivesse morando numa casa, fechado num cômodo distante, desconhecido e despercebido pelos moradores da casa, e estivesse ansioso por apresentar-se a esses moradores e unir-se a eles em todas as suas atividades diárias e tendo vontade de participar de todos os interesses deles, mas, ao mesmo tempo, não quisesse forçar que o notassem, porque nada, a não ser o companheirismo voluntário, pode satisfazer as necessidades de seu amor.

Os dias desses moradores se passam, e eles permanecem na ignorância do maravilhoso privilégio que têm em casa. Andam para cima e para baixo, de lá para cá, atarefados com suas lutas diárias, sem pensar em seu maravilhoso Hóspede. Perdem a oportunidade de ter sua sabedoria para orientá-los e sua força para protegê-los. Passam dias e dias de solidão e tristeza, dias que poderiam ser cheios da doçura da presença dele.

De repente, porém, anuncia-se: "O Senhor está em casa!". Como o proprietário receberia a informação? Faria um alegre culto de ação de graças e abriria bem todas as portas para a entrada de seu glorioso Hóspede? Ou se intimidaria e hesitaria, com medo de sua presença, e procuraria reservar algum cantinho secreto para refúgio de seus olhos que tudo veem?

Querido amigo, eu lhe dou a feliz notícia de que o Senhor está em seu coração. Desde o dia em que você se converteu, Ele está morando aí, mas você vive ignorando isso. Todos os momentos durante todo esse tempo poderiam ter sido passados no brilho da presença dele. Cada passo poderia ter sido dado com a orientação dele. Mas, porque não sabia, e não o procurou aí, sua vida tem sido solitária e cheia de fracassos.

Mas agora que o informei, como vai recebê-lo? Está feliz por tê-lo em você? Vai abrir todas as portas para dar-lhe as boas-vindas? Vai entregar feliz e agradecido o controle de sua vida a Ele? Vai consultá-lo sobre tudo, deixá-lo decidir cada passo por você e traçar todos os caminhos? Vai convidá-lo a entrar nos cômodos mais íntimos e deixá-lo participar de sua vida mais íntima? Você vai dizer "sim" a todos os anseios dele por união com você? Vai entregar-se com prazer a Ele juntamente com todas as suas preocupações? Se vai fazer isso, deixe que sua alma comece a conhecer um pouco da alegria da união com Cristo.

Agora faltam-me palavras! Tudo que posso dizer é nada mais que um pálido retrato da bendita realidade. Muito mais glorioso que ter Cristo como habitante da casa ou do coração é entrar nessa união real e verdadeira com Ele, como se fosse um com Ele – uma só vontade, um só propósito, um único interesse, uma só vida. As palavras humanas não conseguem expressar uma glória como essa. Contudo, ela deve ser expressa, e nossa alma deve ser ávida por entendê-la. Que não possamos descansar nem de dia, nem de noite, sem essa união.

Você entende o que quer dizer "um com Cristo"? Tem o mais leve vislumbre do maravilhoso significado dessa expressão? Acaso sua alma toda não exulta com esse maravilhoso destino? Parece lindo demais para ser verdade que esses pobres, fracos e tolos seres como nós deviam ser criados para essa finalidade. Contudo, é a bendita realidade. Até somos *mandados* a entrar nessa união. Somos exortados a abrir mão de nossa vida para que a vida de Cristo seja vivida em nós. Não devemos ter nenhum interesse a não ser os interesses dele. Podemos compartilhar das riquezas dele, participar de suas alegrias bem como de suas tristezas. Devemos manifestar a semelhança com Ele, ter a mesma mente dele, pensar e agir como Ele.

Concordamos com tudo isso? O Senhor não nos forçará, pois Ele nos quer como companheiros e amigos, e uma união forçada seria incompatível com isso. Deve haver vontade de nossa parte. A noiva precisa dizer "sim" voluntariamente ao noivo, senão faltará alegria na união deles. Será que não podemos dar um "sim" espontâneo a nosso Senhor?

É uma ação muito simples, mas, ainda assim, muito real. Os passos não são mais que três: primeiro, precisamos ter convicção de que as Escrituras ensinam essa gloriosa habitação de Deus; depois, entregar todo nosso ser a Ele, de modo que tome posse; por fim, crer que Ele *tomou* posse e *está* morando em nós. Precisamos começar a pensar que nós estamos mortos e que Cristo é nossa única vida. Devemos manter essa atitude de alma sem hesitação. Será bom repetirmos Gálatas 2.20 várias e várias vezes, dia e noite, até que isso passe a ser a respiração normal de nossa alma: "Estou crucificado com Cristo; e vivo, não mais eu, mas Cristo vive em mim".

Precisamos nos despir de nossa vida continuamente, pela fé, e nos vestir com a vida de Cristo. Não somente pela fé, mas também na prática. Precisamos mortificar-nos em todos os aspectos da vida diária e deixar que Cristo viva e opere em nós, isto é, não devemos jamais praticar o egoísmo, mas sempre agir como Cristo. Devemos deixar que isso se transforme, pela repetição constante, na atitude de todo nosso ser. E tão certo como fazemos, finalmente entendermos um pouco do que significa ser um com Cristo, como Ele e o Pai são um. Cristo deixou tudo para unir-se a nós; não deixaríamos tudo para nos unirmos a Ele? Nessa divina união que transcende as palavras, mas pela qual nosso Senhor orou quando disse:

"Não rogo somente por estes, mas também por aqueles que pela sua palavra hão de crer em mim; para que todos sejam um, como tu, ó Pai, o és em mim, e eu em ti; que também eles sejam um em nós, para que o mundo creia que tu me enviaste" (Jo 17.20-21).

Capítulo 19

AS CARRUAGENS DE DEUS

Já se disse muito bem que "as preocupações terrenas são disciplina celestial", mas elas são até bem melhor que a disciplina – são as carruagens, ou carros de Deus, enviadas para levar nossa alma aos lugares altos do triunfo.

Mas não se parecem com carruagens. Parecem, sim, inimigos, sofrimentos, provações, derrotas, mal-entendidos, decepções, falta de generosidade. Parecem um enorme caminhão de infelicidade e desgraça apenas esperando para nos atropelar. Mas será que nós a vemos como elas são na verdade? Devemos reconhecê-las como carruagens de triunfo em que podemos caminhar para as alturas da vitória pela qual nossa alma anseia e ora. O caminhão é o visível; as carruagens são invisíveis.

O rei da Síria levantou-se contra o homem de Deus com cavalos e carruagens que podiam ser vistas por todos os olhos, mas Deus tinha carruagens que não podiam ser enxergadas por olho nenhum, a não ser os olhos da fé. O servo do profeta só conseguia ver o exterior, o visível, e gritou, como tantos fizeram desde então: "Ai, meu senhor! Que faremos?" (2Rs 6.15). Mas o profeta permaneceu calmo em sua casa, sem medo, pois seus olhos estavam abertos para enxergar o invisível, e a única coisa que pediu para seu servo foi: "Senhor, peço-te que lhe abras os olhos, para que veja" (v. 17).

É essa oração que precisamos fazer por nós mesmos e uns pelos outros: "Senhor, abre nossos olhos para vermos". O mundo a nossa volta, assim como à volta do profeta, está cheio de cavalos e carruagens de Deus, esperando para carregar-nos aos lugares de gloriosa vitória. Quando nossos olhos então se abrirem, veremos em todos os acontecimentos da vida, quer grandes, quer pequenos, quer felizes, quer tristes, uma "carruagem" para nossa alma.

Tudo que vem a nós transforma-se em carruagem no momento em que o tratamos como tal; por outro lado, mesmo as menores provações podem tornar-se um enorme caminhão que nos atropela com infelicidade ou desesperança se o considerarmos como tal. Cabe a cada um de nós decidir o que será. Tudo depende não do que sejam esses acontecimentos, mas de como o encaramos. Se ficarmos à mercê deles, deixando-os vir sobre nós e atropelando-nos, eles se transformam numa jamanta. Mas se subirmos nele, como num carro de vitória, e o deixarmos conduzir-nos em frente e para o alto, ele se transforma na carruagem de Deus.

Toda vez que entramos nas carruagens de Deus, ocorre-nos espiritualmente o mesmo que ocorreu a Elias. Seremos trasladados. Não para os céus acima de nós, como Elias, mas para o céu dentro de nós. E isso é um traslado muito maior que o dele. Seremos levados do plano terreno, inferior, da vida, onde tudo fere e tudo é infelicidade, para os "lugares celestiais em Cristo Jesus", onde podemos triunfar sobre tudo abaixo.

Esses "lugares celestiais" são interiores, não exteriores, assim como a estrada que conduz a eles também é interior. Mas a carruagem que leva a alma por essa estrada em geral é uma perda exterior, uma provação ou decepção; alguma disciplina que na verdade não é alegre no presente, mas depois "produz um fruto pacífico de justiça nos exercitados por ela".

Em Cantares de Salomão, lemos sobre "carruagens revestidas de amor". Nem sempre vemos os lençóis de amor em nossa própria carruagem. Em geral ela parece sem amor. Pode ser um parente ou amigo mal-humorado; pode ser consequência de maldade, crueldade ou negligência das pessoas, mas toda carruagem enviada por Deus necessariamente deve ser forrada de amor, já que Deus é amor. E o amor de Deus é o mais doce, o mais suave e terno. É o melhor repouso que uma alma pode encontrar. É o amor de Deus que nos envia a carruagem.

Portanto, olhe para suas provações. Por mais dolorosas que sejam no presente, são como carruagens enviadas de Deus para carregá-lo aos "lugares altos" de realização espiritual e enlevo. Você descobrirá que elas são "revestidas com amor".

A Bíblia nos diz que, quando Deus anunciou a salvação de seu povo, Ele veio "montado sobre os seus cavalos e nos seus carros" (Hc 3.8). E o mesmo ocorre ainda hoje. Tudo se transforma num "carro de salvação" quando Deus está dirigindo. Até das nuvens Ele faz seus carros, nos diz a Bíblia, e anda nas asas do vento. Desse modo, as nuvens e as tempestades que escurecem nossos céus e parecem encobrir as nuvens do sol da justiça são, na verdade, apenas as carruagens de Deus, aonde podemos entrar com Ele e "cavalgar prosperamente" (Sl 45.4) sobre a escuridão. Querido leitor, você já transformou as nuvens de sua vida em carruagens? Você está "cavalgando prosperamente" com Deus no comando delas?

Conheci uma senhora que tinha uma empregada muito lenta. Era uma moça excelente em todos os outros aspectos e muito prestimosa com as coisas da casa, mas sua lentidão era uma fonte de irritação constante para sua patroa, que era rápida por natureza e sempre se irritava com a demora. Essa senhora perdia a paciência com a moça umas vinte vezes por dia, e vinte vezes por dia se arrependia de sua ira e decidia vencê-la, mas em vão. Sua vida se tornou infeliz com o conflito. Certo dia, ocorreu-lhe que havia orado durante muito tempo por paciência e que, talvez, essa empregada lenta fosse o próprio carro que o Senhor enviara para levar sua alma a conhecer a paciência. Imediatamente reconheceu-a como tal e desse momento em diante usou a lentidão da empregada como um carro para sua alma. A consequência foi a vitória de uma paciência tão grande que não se perturbava jamais com a lentidão de ninguém.

Conheci outra senhora, numa convenção, que foi alojada para dormir num quarto com duas outras, por causa da superlotação do encontro. *Ela* queria dormir, mas *as outras* queriam conversar. Na primeira noite, a senhora ficou muito incomodada e aborrecida. Só conseguiu pegar no sono muito depois que as outras tinham-se calado. No dia seguinte, porém, ela ouviu algo sobre os carros de Deus. À noite, ela aceitou as companheiras faladoras como os carros que a conduziriam à paciência e mansidão e permaneceu calma e inabalada. Porém, quando já era bem tarde e ela achou que todas deviam estar dormindo, arriscou-se a dizer furtivamente: "Amigas, estou aqui deitada andando em minha carruagem!". O efeito foi instantâneo, e reinou perfeito silêncio! Sua carruagem a levara até a vitória, não apenas interiormente, mas também exteriormente no final.

Para andarmos nos carros de Deus, e não nos nossos, devemos achar continuamente que é isso que deve ser feito.

Nossa tentação constante é confiar nos "carros do Egito", ou, em outras palavras, nos recursos terrenos. Podemos *enxergá-los*; eles são reais e palpáveis, ao passo que os carros de Deus são invisíveis, intangíveis e é difícil acreditar que eles existam.

Tentamos alcançar lugares espirituais elevados com a "multidão dos nossos carros". Dependemos primeiro de uma coisa e depois de outra para avançar nossa condição espiritual e obter nossas vitórias espirituais. "Descemos ao Egito" em busca de ajuda. E muitas vezes Deus é obrigado a destruir todos os nossos carros terrenos até nos levar ao ponto de procurar e entrar em seus carros.

Precisamos demais de um amigo querido para nos ajudar a prosseguir na vida espiritual, e o Senhor é obrigado a separar-nos desse amigo. Achamos que nossa prosperidade espiritual depende de nossa continuidade sob o ministério de determinado pastor, então misteriosamente ele é transferido. Consideramos nossas reuniões de oração e nosso grupo de estudo bíblico como a principal fonte de nossa força espiritual, e acabamos sendo impedidos de participar deles. Somente o "carro de Deus" pode nos levar aos lugares em que esperamos ser levados pelos meios de que temos dependido. Esse carro deve ser encontrado exatamente nas privações por que choramos. Deus precisa queimar com o fogo de seu amor todos os nossos carros que atrapalham nossa entrada no carro dele.

Antes de dizer "somente Ele", temos de chegar a um ponto onde todos os nossos outros refúgios fracassam. Costumamos dizer "Ele *e* – algo mais", "Ele e minha experiência", "Ele e minhas relações na igreja" ou "Ele e meu trabalho cristão". Tudo que vem depois do "e" precisa ser tirado de nós, ou precisamos entender que são inúteis, para que finalmente consigamos chegar a "Ele somente". Enquanto tivermos carros visíveis à mão, nossa alma não embarcará nos carros invisíveis.

Sejamos gratos, portanto, por toda provação que nos ajude a destruir os carros terrenos e nos obrigue a procurar refúgio na carruagem de Deus, que está sempre preparada ao nosso lado, aguardando em todos os acontecimentos e circunstâncias de nossa vida. Sabemos que Deus "vai montado sobre os céus" (Sl 68.4). Se quisermos ficar com Ele nesse lugar, precisamos acabar com todos os recursos que nos fazem caminhar na terra.

Quando embarcamos na carruagem de Deus nossa jornada "se estabiliza", pois nenhum obstáculo pode impedir seu curso triunfante. Todas as nossas perdas, portanto, são ganhos que nos conduzem a esse triunfo. Paulo compreendia isso e se gloriava nas perdas que lhe proporcionavam essas inefáveis recompensas. "Mas o que para mim era ganho reputei-o perda por Cristo. E, na verdade, tenho também por perda todas as coisas, pela excelência do conhecimento de Cristo Jesus, meu Senhor; pelo qual sofri a perda de todas estas coisas, e as considero como escória, para que possa ganhar a Cristo, e seja achado nele" (Fp 3.8-9).

Mesmo o "espinho na carne", o mensageiro de Satanás, enviado para esbofeteá-lo, tornou-se um "carro de Deus" para sua alma disposta, que o carregava para as alturas do triunfo, aonde não conseguiria chegar de nenhuma outra forma. O que é "sentir prazer nas fraquezas, nas injúrias e nas necessidades" senão transformá-las nas grandiosas carruagens de Deus?

José teve uma revelação de seu reino e de seu triunfo futuro, mas os carros que o conduziram, aos olhos da razão, pareciam enormes e terríveis caminhões de fracasso e derrota. A escravidão e a prisão parecem carros estranhos para nos conduzir ao reino, contudo, José não teria chegado à exaltação de nenhuma outra forma. Nossa elevação ao trono espiritual que nos aguarda na maioria das vezes também ocorre por meio de carros semelhantes.

A grande questão, portanto, é ter os olhos abertos para enxergar tudo que nos ocorre como um "carro de Deus", e aprender a embarcar nesses carros. Precisamos reconhecer todas as nossas circunstâncias como verdadeiros carros de Deus para nós e aceitá-los como provenientes dele. Ele faz que todas as coisas, mesmos as ruins, concorram para o bem de todos aqueles que confiam nele. Tudo que Ele deseja é ter nosso compromisso integral com Ele.

Quando chegar a provação, entregue-a à vontade de Deus e entre nessa vontade como uma criancinha corre para os braços da mãe. O bebê transportado no carro dos braços de sua mãe caminha com triunfo pelos lugares mais hostis e nem sequer sabe das dificuldades deles. Quanto mais seguros estamos nós, transportados no carro dos "braços de Deus"!

Entre no seu carro. Encare tudo que está errado em sua vida como um carro de Deus para você. Não importa quem tenha construído o carro errado, quer homens, quer demônios. No momento que ele se aproxima de você, passa a ser uma carruagem de Deus enviada para levá-lo ao lugar do triunfo celestial. Evite todas as causas secundárias e encontre nelas o Senhor. Diga: "Senhor, abra-me os olhos para que eu veja não o inimigo visível, mas seus carros invisíveis de libertação".

Não há dúvida de que o inimigo procurará transformar seu carro num caminhão enorme, torturando-o com a insinuação de que Deus não está na sua dificuldade e que nele você não encontrará socorro. Mas você deve desconsiderar completamente essas insinuações e subjugá-las com a declaração de fé confiante: "Deus é meu refúgio e fortaleza, socorro bem presente na hora da angústia". Essa deve ser sua convicção constante, não importa o que as coisas lhe pareçam.

Além disso, você não deve ter o coração dividido a esse respeito. Deve embarcar completamente no carro de Deus, mas não com um pé apoiado no chão. Não deve haver "se" nem "mas" nenhuns, tampouco suposições e questionamentos. Você tem de aceitar completamente a vontade de Deus e esconder-se nos braços de seu amor, que sempre estão à espera para recebê-lo, em todas as circunstâncias e a todo momento. Diga sempre e repita: "Seja feita a tua vontade!". Refute todos os outros pensamentos, mas acolha a ideia de submissão a Deus e confiança no amor dele. Não há provação alguma em que não haja a vontade de Deus. Nossa alma deve tão-somente embarcar na vontade dele como se fosse uma carruagem. Desse modo, ela se verá "cavalgando pelos céus" com Deus, como jamais sonhara.

A alma que caminha com Deus "pelos céus" tem visões e vislumbres que a alma que permanece na terra jamais pode ter. A pobre vítima atropelada pelo caminhão só consegue ver a poeira e as pedrinhas nas enormes rodas, mas o passageiro triunfante da carruagem de Deus contempla visões muito mais justas.

Alguém de vocês quer saber onde se encontram seus carros? O salmista responde: "Os carros de Deus são vinte milhares, milhares de milhares. O Senhor está entre eles, como no Sinai, no lugar santo". Nenhuma vida sequer tem falta de carros. Uma crente querida, certa vez, numa reunião íntima em que falei sobre esses carros, disse-me: "Sou uma mulher infeliz e durante toda a vida lamentei por não poder andar em carruagens, como alguns vizinhos ricos. Mas enquanto você falava, fiz um balanço de minha vida e descobri que ela está tão cheia de carruagens, por todos os lados, que tenho certeza de não precisar nunca mais andar a pé".

Não tenho sequer sombra de dúvida, querido leitor, de que, se nossos olhos se abrissem hoje, enxergaríamos nossa casa, nosso local de trabalho e as ruas por onde andamos cheias dos "carros de Deus". Nenhum de nós precisa andar a pé por falta de carro. Aquela pessoa da sua família que até hoje lhe parecia um fardo e era o caminhão que atropelava sua alma, de agora em diante pode ser uma gloriosa carruagem que o conduzirá às alturas da paciência e da longanimidade espirituais. Esse mal-entendido, essa mortificação, a falta de generosidade, a decepção, a perda, a derrota – tudo isso são carros esperando para conduzi-lo às maiores alturas da vitória que há tanto você anseia alcançar.

Entre neles, com coração agradecido, e perca de vista todas as causas secundárias no brilho do amor de Deus, que o "carrega em seus braços" com segurança e triunfo sobre tudo isso.

Capítulo 20

A VIDA COM ASAS

A VIDA ESCONDIDA EM Deus com Cristo tem muitos aspectos e pode ser estudada por meio de muitas metáforas diferentes. Um aspecto tem sido de grande ajuda e inspiração para mim, e acredito também possa ser para outras almas ansiosas e sedentas. Esse aspecto é o que chamo de vida com asas.

Nosso Senhor não apenas nos disse para "olhar os lírios do campo", mas também para pensar nas "aves do céu". Descobri que essas criaturinhas têm maravilhosas lições para nos ensinar. Num dos salmos, o salmista, depois de enumerar as trevas e as amarguras de sua vida terrena, clama: "Oh! quem me dera asas como de pomba! Então voaria e estaria em descanso. Eis que fugiria para longe, e pernoitaria no deserto. Apressar-me-ia a escapar da fúria do vento e da tempestade" (Sl 55.6-8).

Esse clamor por "asas" é tão antigo quanto a humanidade. Nossa alma foi criada para "voar alto com asas" e jamais se satisfará com nada que não possa voar. Como a águia nascida em cativeiro, que tem dentro de si o instinto de voar, angustia-se e sofre na prisão, sem saber pelo que anseia, assim também nossa alma se angustia, sofre e clama por liberdade. Jamais teremos descanso na terra e ansiamos por "voar para longe", livrar-nos de tudo que nos aprisiona e amarra aqui.

A inquietação e a insatisfação em geral progridem quando tentamos escapar de nossas circunstâncias ou da infelicidade. A princípio não reconhecemos o fato de que nossa única via de escape é "subir com asas" e tentamos "escapar em cavalos", como os israelitas oprimidos pelas provações (veja Isaías 30.16).

Nossos "cavalos" são as coisas exteriores das quais dependemos para ter alívio, alguma mudança das circunstâncias ou um pouco de ajuda humana. Montamos nesses cavalos e corremos para o leste, para o oeste, para o norte ou para o sul, para qualquer lugar a fim de nos livrar dos problemas, achando, em nossa ignorância, que a mudança de ambiente é tudo que necessitamos para libertar nossa alma. Entretanto, todas essas tentativas de fuga resultam em insucesso, como cada um de nós já experimentou centenas de vezes. A alma não foi feita para isso, para "fugir em cavalos", mas deve buscar sua fuga em asas.

Além do mais, esses "cavalos" em geral nos levam, como levaram os israelitas, para fora de um problema e acabam nos fazendo desembarcar em outro. É como diz o profeta: "Como se alguém fugisse de um leão e se encontrasse com um urso; ou entrasse em casa e, ao encostar a mão na parede, fosse picado por uma serpente".

Quantas vezes já não fugimos de um "leão" em nosso caminho e acabamos encontrando um "urso", ou nos escondemos num lugar que julgávamos seguro e acabamos picados por uma "serpente"! Não. É inútil a alma ter esperança de escapar correndo de seus problemas para algum refúgio terreno, pois não existe lugar terreno que lhe dê libertação.

Então não existe para nós nenhuma forma de escapar quando estamos com problemas ou angustiados? Tenho muito prazer em responder que há uma gloriosa via de fuga para cada um de nós, se tão-somente subirmos com asas e voarmos para Deus. Não é um caminho para o leste nem para o oeste, nem para o norte ou para o sul, mas é um caminho para o alto. "Os que esperam no Senhor renovarão as forças, subirão com asas como águias; correrão, e não se cansarão; caminharão, e não se fatigarão" (Is 40.31).

Todas as criaturas aladas podem fugir de qualquer armadilha armada para elas se voarem alto suficiente. A alma que utiliza suas asas sempre pode encontrar uma "via de fuga" certa de tudo que pode feri-la ou perturbá-la.

Que asas são essas, afinal? O segredo delas está nestas palavras: "Os que esperam no Senhor". A alma que espera no Senhor é a alma que se rendeu totalmente a Ele e que nele confia plenamente. Portanto, podemos chamar nossas asas de asas da Rendição e da Confiança. Quero dizer com isso que, se tão-somente nos rendermos sem reservas ao Senhor, e confiarmos nele plenamente, encontraremos nossa alma "subindo com asas de águia" "aos lugares celestiais" em Cristo Jesus, onde os aborrecimentos e os sofrimentos terrenos não têm poder para nos perturbar.

As asas da alma a conduzem a um plano de vida espiritual, à vida escondida com Cristo em Deus, uma vida totalmente independente das circunstâncias, uma vida que não pode ser acorrentada nem presa em gaiola.

As "coisas do alto" são a preocupação da alma com asas, não "as coisas terrenas". Essa alma enxerga a vida e suas experiências das alturas dos "lugares celestiais em Cristo Jesus". As coisas ficam muito diferentes de acordo com o ponto de vista de que as vemos. Uma lagarta rastejando pelo chão deve ter uma "visão" completamente diferente do mundo a seu redor do que aquele que a mesma lagarta terá quando suas asas surgirem e ela voar acima dos lugares onde antes rastejava. Da mesma forma, a alma rastejante necessariamente deve enxergar as coisas com aspecto bem diferente daquele que a alma "com asas" enxerga. O sol pode estar ardendo no pico da montanha enquanto o vale lá embaixo está envolvido em névoa, e a ave cujas asas podem voar bem alto conseguem fugir da melancolia do vale e entrar na alegria do sol no topo do monte.

Certa vez, estava passando o inverno em Londres. Durante três longos meses não vimos nem sequer uma vez o genuíno brilho do sol, por causa das densas nuvens de neblina que pairavam sobre a cidade. Contudo, muitas vezes vi que acima da neblina o sol estava brilhando e algumas vezes através de uma fresta vi um relance de um pássaro, com o sol brilhando-lhe nas asas, voando acima da neblina no límpido azul do ensolarado céu. A neblina de Londres é muito densa, mas se subirmos o suficiente, podemos atingir uma região acima do nevoeiro.

É isso que faz a alma com asas. Ela vence o mundo com a fé. Vencer é o mesmo que "sobrepujar", não ficar por baixo. A alma com asas sobrevoa o mundo e suas coisas. Estas perdem o poder de nos prender ou acorrentar o espírito, que pode "sobrepujá-las" com as asas da Rendição e Confiança. O espírito se torna "mais que vencedor".

As aves vencem a lei inferior da gravidade pela lei mais alta do voo, e a alma com asas vence a lei inferior do pecado, da infelicidade e dos grilhões com a lei mais elevada do voo espiritual. A "lei do espírito de vida em Cristo Jesus" deve necessariamente ser uma lei mais elevada e mais dominante que a lei do pecado e da morte; portanto a alma que subiu a essa região mais alta da vida em Cristo não pode deixar de vencer e triunfar.

Entretanto, pode-se perguntar, por que, então todos os crentes nem sempre triunfam. Respondo que é porque a grande maioria dos cristãos não "sobe com as asas" para esse plano mais elevado da vida. Eles vivem no mesmo nível de suas circunstâncias e em vez de voar acima delas, procuram lutar contra elas no próprio nível terreno. Nesse plano, a alma é impotente, não tem armas com que vencê-las. Em vez de sobrepujar as provações e os sofrimentos da vida terrena, é vencida e arrasada por eles.

Todos nós sabemos, como eu disse, que as coisas nos parecem muito diferentes de acordo com o "ponto de vista" do qual a observamos. Quando vistas do alto, as provações adquirem um aspecto muito diferente daquele que têm quando vistas no seu próprio nível. O que parece uma parede intransponível no mesmo nível, transforma-se numa linha insignificante aos olhos que a contemplam do topo de um monte. As armadilhas e sofrimentos que adquirem proporções imensas quando vistas do plano terreno transformam-se em insignificantes partículas à luz do sol quando a alma voa para os lugares celestiais acima deles.

Certa vez, uma amiga minha ilustrou a diferença entre três amigas dela. Se as três chegassem a uma montanha espiritual que tivessem de atravessar, a primeira tentaria cavar um túnel através dela com trabalho árduo e cansativo; a segunda caminharia em torno da montanha de forma indefinida, sem saber aonde estaria indo e, apesar disso, por ter um objetivo correto, finalmente o atingiria; mas a terceira, disse minha amiga, simplesmente bateria asas e voaria por sobre a montanha. Acredito que todos nós conheçamos um pouco dessas diferentes formas de locomoção. Se algum de nós tentou cavar um túnel através de uma montanha que surgiu no caminho, ou tentou contorná-la, acredito que desse dia em diante decidiu abrir as asas e "subir" para a atmosfera límpida da presença de Deus, onde será fácil vencer ou sobrepujar a mais alta das montanhas.

Digo "abrir as asas e voar" porque nem sequer as maiores asas conhecidas podem elevar uma polegada se a ave não as usar. Devemos usar nossas asas, senão elas não nos terão utilidade alguma.

Não vale a pena clamar: "Ah, se eu tivesse asas para voar", pois já *temos* asas. O que precisamos não são das asas, mas, sim, apenas usar as que já temos. O poder de render-se e confiar existe em toda alma humana, e apenas precisa ser posto em prática. Com essas asas *podemos* "fugir" para Deus a qualquer momento, mas, para de fato alcançá-lo, precisamos usá-las ativamente. Devemos não apenas querer usar nossas asas, mas *usá-las* definitiva e ativamente. A rendição e a confiança passiva não funcionam.

Não "voaremos" muito alto se nos rendermos e confiarmos apenas em teoria ou em nossos momentos religiosos especiais. Precisamos fazer isso decididamente em todos os aspectos da vida diária. Devemos fazer oposição a nossas decepções, frustrações, perseguições, inimigos perversos, provocadores, provações e tentações de todo tipo com uma atitude ativa de rendição e confiança. Devemos abrir as asas e "voar alto" para os "lugares celestiais em Cristo", acima de todas essas coisas, onde elas perdem o poder de nos fazer mal. Desses lugares altos, enxergamos as coisas através dos olhos de Cristo e toda a terra será glorificada na visão celestial.

"A pomba não tem garras nem ferrão,

Nem armas para a luta.

Ela deve sua segurança às asas,

E sua vitória ao voo.

O noivo abre seus braços amorosos

E neles abriga a ofegante pomba."

Quanto nossa vida mudaria se tão-somente voássemos através dos dias nas asas da rendição e da confiança! Em vez de remoer os conflitos e a amargura, tentando, metaforicamente, abater os irmãos que nos ofendem, devemos fugir de todo conflito abrindo as asas e voando para as regiões celestiais, onde nossos olhos verão tudo coberto com o manto da misericórdia e do amor cristão.

Nossa alma foi criada para viver nessa atmosfera superior e fica sufocada em qualquer nível mais baixo. Nossos olhos foram criados para olhar dessas alturas celestiais, e nossa visão fica distorcida quando olhamos de um nível mais baixo. É grande bênção, portanto, que nosso amoroso Pai Celestial tenha planejado misericordiosamente a disciplina de nossa vida com o objetivo de nos ensinar a voar.

Em Deuteronômio, temos uma imagem de como ocorre esse ensino: "Como a águia desperta a sua ninhada; move-se sobre os seus filhos, estende as suas asas, toma-os, e os leva sobre as suas asas, assim só o Senhor o guiou; e não havia com ele deus estranho" (Dt 32.11).

A mãe águia ensina seus filhotes a voar, deixando o ninho tão desconfortável que eles são forçados a sair e se expor ao mundo desconhecido. Assim também nosso Deus faz conosco. Ele sacode nosso ninho confortável e nos empurra para a beirada dele, de modo que somos forçados a usar nossas asas para nos salvar de uma queda fatal. Entenda suas provações dessa forma e veja se não começa a ter um lampejo do que elas significam. Suas asas estão se desenvolvendo.

Conheci uma senhora cuja vida era um longo rosário de provações com um marido bêbado, perverso e cruel. Não havia possibilidade de ajuda humana e, na angústia, ela foi levada a usar suas asas e voar até Deus. Durante os longos anos de provação, suas asas se fortaleceram de tal forma com os voos constantes que, por fim, conforme me contou, quando as provações atingiram a pior intensidade, pareceu-lhe que sua alma fora levada além delas, num belo arco-íris, e se encontrou num lugar de repouso e paz do outro lado.

Com esse objetivo em vista, podemos certamente aceitar com gratidão toda provação que nos obriga a usar nossas asas, pois somente elas podem nos fortalecer e preparar para o voo mais alto. Asas não utilizadas aos poucos se enfraquecem, encolhem e perdem a capacidade de voar. Se não houvesse nada em nossa vida que não nos obrigasse a voar, talvez finalmente perdêssemos a capacidade de voar.

Talvez você pergunte: "Não há obstáculos ao voo, mesmo quando as asas são fortes e alma tenta insistentemente usá-las?". Sim, respondo. Uma ave pode ser presa numa gaiola, amarrada no chão como uma corrente, carregada com um peso que a puxe para baixo, ou ela pode ser presa "no laço do passarinheiro". Empecilhos equivalentes a todos esses no reino espiritual podem impossibilitar a alma de voar, até que ela possa libertar-se deles pelo poder de Deus.

Um "laço de passarinheiro" que prende muitas almas é a armadilha da dúvida. As dúvidas parecem plausíveis e quase sempre tão humildes que os crentes caem em seu "laço" sem sequer sonhar que se trata de uma armadilha até que se veem presos e incapazes de voar. Não há mais possibilidade de voar para a alma com dúvidas do que para um pássaro preso numa armadilha.

O motivo é evidente. Uma de nossas asas, a saber, a asa da confiança, fica completamente incapacitada pela menor dúvida. Como é preciso duas asas para uma ave voar, também é preciso duas asas para a alma levantar voo. Um número muito grande de pessoas faz de tudo, menos confiar. Abrem a asa da rendição e a batem vigorosamente. Perguntam-se por que não levantam voo, sem perceber que enquanto se esforçam com a rendição, a asa da confiança permanece ociosa durante todo o tempo. Pelo fato de usarem apenas uma asa, o empenho dos cristãos para voar quase sempre é desequilibrado e infrutífero.

Observe um pássaro com uma asa quebrada tentando voar e terá uma ideia do tipo de movimento possível com apenas uma asa. Precisamos usar as duas asas, caso contrário nem devemos tentar voar.

Pode ser que para alguns "o laço do passarinheiro" seja alguma forma sutil de pecado, alguma falta de consagração escondida. Quando for esse o caso, parece que a asa da confiança vai bem, mas a asa da rendição permanece ociosa. E é inútil tentar voar apenas com a asa da confiança, ou apenas com a asa da rendição. Ambas as asas devem ser usadas, caso contrário não há voo.

Talvez a alma se sinta como se estivesse numa prisão de que não consegue escapar e, consequentemente, é impedida de abrir as asas. Nenhuma gaiola terrena jamais pode aprisionar a alma. Nenhuma parede, por mais alta que seja, consegue deter uma águia se houver um caminho aberto por cima. Da mesma forma, o poder terreno jamais consegue deter a alma na prisão enquanto a saída para o alto estiver aberta e livre. Nossos inimigos podem construir muros em torno de nós, da altura que quiserem, mas não podem construir nenhuma barreira entre nós e Deus. Se abrirmos as asas, poderemos voar mais alto que qualquer muralha.

Quando nos virmos presos, podemos ter certeza de que não é nosso ambiente terreno que constitui nossa prisão, pois as asas da alma desprezam todas as insignificantes paredes e barras terrenas. A única coisa que pode de fato aprisionar a alma é o que lhe impede de alçar voo. O profeta nos diz que nossas iniquidades fazem separação entre nós e nosso Deus, e nossos pecados escondem seu rosto de nós. Portanto, se nossa alma está presa, deve ser porque algum pecado inconfessado ergueu uma barreira entre nós e o Senhor, e não conseguimos voar sem nos arrepender desse pecado e tirá-lo do caminho.

Em geral, porém, quando não há pecado consciente, a alma ainda permanece inconscientemente presa a algo da terra e, desse modo, debate-se em vão para voar. Um grupo de amigos meus certa vez embarcou num bote na Noruega para remar em torno de um fiorde. Sentaram-se e começaram a remar com força, mas o barco não fazia nenhum progresso. Fizeram mais força e remaram com mais vigor que antes, mas em vão, e o barco não se deslocou nem um centímetro sequer. Então, um deles se lembrou de repente que o barco não tinha sido desamarrado e exclamou: "Não é de admirar que ainda não conseguimos sair, pois estamos querendo puxar conosco todo o continente europeu!". Da mesma maneira, nossa alma quase sempre não se desamarra das coisas da terra. Precisamos nos soltar. Da mesma forma que uma águia não consegue voar com uma tonelada amarrada nos pés, nossa alma também não consegue alçar voo quando o peso das preocupações terrenas e as ansiedades a prendem na terra.

Quando nosso Senhor procurava ensinar seus discípulos sobre esse perigo, contou-lhes a parábola do grande banquete ao qual muitos dos que foram convidados deixaram de comparecer porque estavam embaraçados com suas preocupações terrenas. Um tinha comprado um pedaço de terra, outro, uma junta de bois, e um terceiro tinha-se casado – todos achavam que tinham de se preocupar com essas atividades.

Marido, mulher, juntas de bois, terras, ou mesmo coisas bem menores, podem ser correntes que impedem a alma de voar, ou pesos que as mantêm no chão. Livremo-nos de todas as correntes e removamos toda barreira para que nossa alma não encontre nenhum obstáculo para seu voo com asas de água aos lugares celestiais em Cristo Jesus.

Somos ordenados a ter o coração cheio de cânticos de júbilo e cantar internamente melodias ao Senhor. Mas, se não levantarmos voo, isso é impossível, pois a única criatura que pode cantar é a criatura que voa. Quando o profeta declarou que embora todo o mundo estivesse desolado, ele contudo se alegraria em Deus, no Deus de sua salvação, sua alma com certeza estava voando. Paulo sabia que devia usar suas asas quando se visse "triste, mas sempre se alegrando". No plano terreno, tudo eram trevas tanto para Paulo quanto para o profeta, mas no plano celestial tudo brilhava mais que o sol.

Você conhece algo dessa vida com asas, caro leitor? Você "alça voo" continuamente para Deus, para fora e acima das preocupações e provações terrenas, para esse plano de vida mais elevado, onde tudo é paz e triunfo, ou rasteja fraco em meio a suas provações e deixa que elas o assolem?

Vamos, porém, evitar cair num erro nesse ponto. Não pense que com "voar" quero dizer alguma emoção alegre, sentimentos ou exultação. Há muito voo emocional que na verdade não é voo nenhum. É como uma pena levada às alturas por um sopro de vento, mas que cai novamente assim que o vento cessa. O voo a que me refiro é uma questão de *princípio*, não de *emoção*. Pode ser acompanhado de emoções muito felizes, mas não depende delas. Depende somente de uma rendição completa e de confiança absoluta. Todos que sinceramente usam essas duas asas, e perseveram fielmente usando-as, perceberão que subiram com asas como águia, por mais vazios de emoções que se hajam sentido antes.

Pois a promessa é certa: "Os que esperam no Senhor ... SUBIRÃO com asas como águias; correrão, e não se cansarão; caminharão, e não se fatigarão" (Is 40.31). Não "talvez possam subir", mas SUBIRÃO. É a consequência inevitável. Que cada um de nós experimente essa promessa.

"A cotovia voa de seu ninho cantando

E anunciando em alta voz

Sua confiança em Deus.

Assim é abençoada e

Não teme as nuvens.

Não armazena nem semeia,

Contudo canta alto e não tem cuidados.

Segue pelo dia nublado e alimento escasso.

Canta para envergonhar

Os homens que, temendo a necessidade,

Se esquecem do nome do Pai.

O coração que confia canta sem cessar,

Sente-se leve como se asas tivesse.

Brota de seu interior uma fonte de paz.

Venha bem ou venha mal,

Seja o que for hoje, ou amanhã,

É a vontade do Pai."